Praxis Sprache 5

Arbeitsbuch für das gemeinsame Lernen

Individuelle Förderung · Inklusion

Herausgegeben von	Wolfgang Menzel
Erarbeitet von	Fabian Ahrens
	Jördis Coldewey
	Dörte Glismann
	Wolfgang Menzel
	Christiane Röhrich
Illustriert von	Konrad Eyferth

westermann

Diagnostizieren. Fördern. Evaluieren.
Die OnlineDiagnose zu diesem Lehrwerk testet die wichtigsten Kompetenzen und erstellt individuelle Fördermaterialien und Arbeitshefte zum Downloaden oder Bestellen. Nähere Informationen unter **www.onlinediagnose.de**

© 2013 Bildungshaus Schulbuchverlage Westermann Schroedel Diesterweg Schöningh Winklers GmbH,
Georg-Westermann-Allee 66, 38104 Braunschweig
www.westermann.de

Druck A^7 / Jahr 2025
Alle Drucke der Serie A sind im Unterricht parallel verwendbar.

Die Seiten dieses Produkts bestehen zu 100 % aus Altpapier.

Damit tragen wir dazu bei, dass Wald geschützt wird, Ressourcen geschont werden und der Einsatz von Chemikalien reduziert wird. Die Produktion eines Klassensatzes unserer Arbeitshefte aus reinem Altpapier spart durchschnittlich 12 Kilogramm Holz und 178 Liter Wasser, sie vermeidet 7 Kilogramm Abfall und reduziert den Ausstoß von Kohlendioxid im Vergleich zu einem Klassensatz aus Frischfaserpapier. Unser Recyclingpapier ist nach den Richtlinien des Blauen Engels zertifiziert.

Redaktion: Regina Nußbaum
Layout und Herstellung: Sandra Grünberg
Umschlaggestaltung: Janssen Kahlert Design & Kommunikation GmbH
Druck und Bindung: Westermann Druck GmbH, Georg-Westermann-Allee 66, 38104 Braunschweig

ISBN 978-3-14-**120791**-0

Inhalt

Sprechen und Zuhören

5   Sich den anderen Kindern in der Klasse vorstellen

6   Andere um etwas bitten

7   Sich mündlich entschuldigen

8   Sich schriftlich entschuldigen

10 Pausenzeichen in ein Gedicht einfügen
    Josef Reding: Guten Tag, Tag!

11 Ein Gedicht für einen Vortrag vorbereiten
    Josephine Hirsch: Jeder zaubert auf seine Art

12 Einen Text für einen Vortrag vorbereiten
    Erwin Grosche: Der freche Weckdienst

13 Übungen zum genauen Lesen

14 Wortschatzübung
    Cornelia Funke: Potilla

16 Einen Text ergänzen und mit verteilten Rollen lesen
    Hans Manz: Fernsehabend

Sachtexte und Medien

17 Einem Sachtext Informationen entnehmen

20 Informationen entnehmen – Zwischenüberschriften einfügen

23 Merkmale einer Filmkritik erkennen

23 Merkmale einer Filmkritik

24 Eine Filmkritik ordnen

26 Eine Filmkritik vervollständigen

Schreiben und Präsentieren

28 Einen Gegenstand beschreiben

30 Einen Gegenstand mit Hilfe einer Abbildung beschreiben

32 Eine Tierbeschreibung vervollständigen

34 Einen Lieblingsplatz beschreiben

37 Die Beschreibung eines Lieblingsplatzes vervollständigen

38 Einen Text überarbeiten

39 Eine Fantasiegeschichte erzählen

40 Eine Fantasiegeschichte vervollständigen

41 Eine Fantasiegeschichte zu einem Bild erzählen

43 Einen Text überarbeiten – auf Satzanfänge achten

44 Einen Erzählbericht überarbeiten

46 W-Fragen zu einem Zeitungstext beantworten

48 Eine Erzählung zu einer Bildergeschichte untersuchen

51 Anschauliches Erzählen üben

55 Eine Erzählung zu einer Bildergeschichte schreiben

Literatur begegnen

57 Fragen zu Till Eulenspiegel beantworten

59 Informationen zu Till Eulenspiegel zusammenstellen

61 Eine Eulenspiegelgeschichte zu Ende schreiben

63 Ein Märchen lesen und verstehen

65 Ein Märchen weiterschreiben
    frei nach den Brüdern Grimm: Der Hase und der Igel

68 Ein Gedicht selbst zusammen-
stellen
Hans Baumann:
Am einunddreißigsten Februar

69 Ein Gedicht sinngemäß ergänzen
Josef Guggenmos: Der Mann im
Schnee

70 Sich in literarische Figuren einfühlen
Elisabeth Stiemert: Der Junge aus
der Talstraße

74 Eine Geschichte lesen und
verstehen
Astrid Lindgren: Wie Ole seinen
Hund bekam

Rechtschreibung und Zeichensetzung

80 Kurze Vokale – lange Vokale

81 Wörter mit silbentrennendem h

82 Wörter mit Dehnungs-h

84 Vorsilben (Präfixe)

85 Wörter mit einfachem und doppeltem Konsonanten

86 Wörter mit ff, ll, mm, nn, pp, tt

87 Wörter mit tz und z

88 Wörter mit ck und k

89 Wörter mit ss und ß

90 Wörter mit äu

91 Wörter mit ä

92 Wörter mit b, d, g am Ende

93 Großschreibung – Signalwörter:
Artikel

94 Großschreibung – Signalwörter:
Pronomen

95 Großschreibung – Signalwörter:
Adjektive

96 Großschreibung – Signalwörter:
versteckte Artikel

97 Großschreibung – Auf die Signalwörter achten!

98 Zeichensetzung: Satzschlusszeichen

99 Zeichensetzung: Zeichen der
wörtlichen Rede

100 Das Komma bei der Aufzählung
von Wörtern

101 Das Komma bei der Aufzählung
von Wortgruppen

102 Zeichensetzung: Signalwörter
für die Kommasetzung

Sprache und Sprachgebrauch

103 Nomen: Singular (Einzahl)
und Plural (Mehrzahl)

104 Nomen: die vier Fälle

105 Die Artikel

106 Die Personalpronomen

107 Verbformen üben 1

108 Verbformen üben 2

109 Präteritum oder Perfekt in einen
Text einsetzen

110 Adjektive

111 Präpositionen: auf dem Baum –
oder: auf den Baum?

112 Wörter mit Vorsilben und
Nachsilben

113 Wortfelder

114 Satzglieder – Sätze verändern

115 Adverbiale ermitteln

116 Subjekt und Prädikat

117 Die Objekte im Dativ
und im Akkusativ

Arbeitstechniken

118 Wörter im Wörterbuch nach
dem Alphabet suchen

119 Wörter nach dem Alphabet suchen

121 Wie du ein Wort möglichst schnell
finden kannst

122 Wenn du nicht sicher bist,
wie ein Wort geschrieben wird

123 Lernwörter üben

125 Fremdwörter üben

127 Einem Sachtext Zwischenüberschriften zuordnen

→ Sich den anderen Kindern in der Klasse vorstellen

1 Fülle den folgenden Steckbrief aus.

Das bin ich

Name: _____

_____

Alter: _____ Jahre

Geburtstag (Tag und Monat): _____

Adresse (Straße, Ort): _____

_____

Das sind meine Hobbys: _____ ,

_____ ,

_____ .

Mein Lieblingstier: _____

Mein Lieblingsessen: _____

Mein Lieblingsfach: _____

Das wünsche ich mir von meiner neuen Klasse: _____

_____

2 Stelle dich nun den anderen Kindern in der Klasse vor.
Schau auf deine Stichwörter und sprich in ganzen Sätzen:

Mein Name ist …
Ich bin … Jahre alt.

→ **Andere um etwas bitten**

1 Lies den kleinen Text aufmerksam.

Heute wollen die vier Freunde eine Radtour machen. Ahmet, Celine, Pawel und Pia kümmern sich gerade um die letzten Vorbereitungen. Jeder hat eine Aufgabe bekommen.

Ahmet nimmt das Flickzeug.

Celine liest den Radwegplan genau.

Pawel gibt Pia die geschmierten Brote und das Obst.

Pia hilft allen beim Packen der Fahrradtaschen.

2 Unterstreiche in jedem Beispielsatz die Verbform.

3 Mit dem Imperativ können wir andere um etwas bitten oder zu etwas auffordern.
Fülle die Tabelle mit den Verben aus Aufgabe 1 aus.
Verfahre so: Bilde die **Du-Form** und lass das **-st** oder das **-t** weg:

brechen: du brichst → Brich!

Grundform (Infinitiv des Verbs)	Du-Form	Imperativ
nehmen	du nimmst	
lesen	du	Lies!
geben		
helfen		

4 Bei der Radtour soll nichts schiefgehen.
Deshalb erinnern sich die Freunde gegenseitig an ihre Aufgaben.
Schreibe in die Zeilen den Imperativ.
Tipp: Hilfe findest du in der Tabelle aus Aufgabe 3.

nehmen: Ahmet, _____ bitte das Flickzeug.

lesen: Celine, _____ den Radwegplan bitte genau.

geben: Pawel, _____ mir bitte die geschmierten Brote und das Obst.

helfen: Pia, bitte _____ uns beim Packen der Fahrradtaschen.

→ Sich mündlich entschuldigen

1 Lies dir den folgenden Text in Ruhe durch.

Erstes Klingeln nach der großen Pause. Manuela kommt als Letzte eilig in das Klassenzimmer. Sie hat gerade Fußball gespielt. Abed hat eine Verletzung am Fuß. Deshalb konnte er dieses Mal nicht mitspielen. Er legt seine Bücher auf den Tisch. Beim Vorbeigehen stößt Manuela die Bücher vom Tisch herunter. Abed ärgert sich über Manuela und schimpft sie aus. Das findet Manuela nicht fair. Nun ärgert sie sich über Abed.

2 Warum ärgert sich Abed über Manuela?
Abed ärgert sich über Manuela, weil sie _____

_____

3 Warum ärgert sich Manuela über Abed?
Manuela ärgert sich über Abed, weil er _____

_____

4 Manuela und Abed wollen sich wieder miteinander vertragen.
Deshalb unterhalten sie sich nach der Unterrichtsstunde. Lies das Gespräch.

Manuela: _____ , Abed. Lass uns wieder Freunde sein.

Abed: So einfach geht das leider nicht. Du hast meine Sachen vom Tisch geworfen.

Manuela: _____ !
Ich war noch völlig durcheinander vom Fußballspielen. Ich habe doch heute zwei Tore geschossen.

Abed: _____ , dass ich dich so ausgeschimpft habe. Ich möchte doch auch so gerne wieder Fußball spielen. Das darf ich aber erst, wenn meine Verletzung am Fuß verheilt ist.

Manuela: Beim nächsten Mal bist du bestimmt wieder dabei, Abed. Ich freue mich auf jeden Fall, dass wir uns wieder vertragen.

Abed: Na klar, schließlich sind und bleiben wir Freunde.

5 Fülle die Textlücken in Aufgabe 4 mit diesen Formulierungen aus.
Es tut mir leid   **Entschuldige**   **Das war wirklich keine Absicht**

→ Sich schriftlich entschuldigen

Joschi hat mit seinen Freunden Fußball mit den Müllsäcken von Frau
Lammers gespielt. Dabei sind die
Säcke aufgeplatzt. Der Abfall hat sich
über die ganze Straße verteilt. Joschi
ist dann einfach weggerannt.

1 Frau Lammers ist enttäuscht von Joschis
Verhalten. Joschi schämt sich.
Joschi schreibt einen Entschuldigungs-
brief an Frau Lammers.

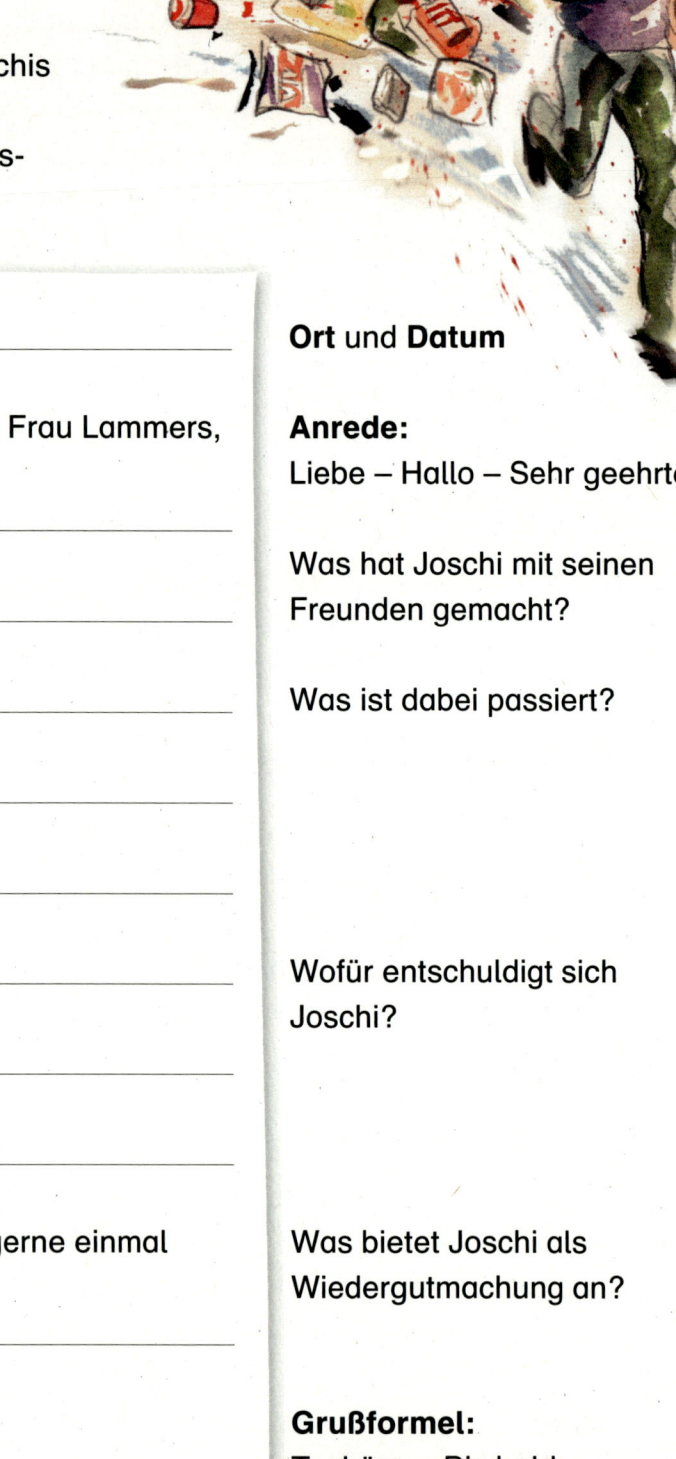

_____   **Ort** und **Datum**

_____ Frau Lammers,   **Anrede:**
Liebe – Hallo – Sehr geehrte

am letzten Montag habe ich _____

_____   Was hat Joschi mit seinen
Freunden gemacht?

Dabei sind die Müllsäcke _____   Was ist dabei passiert?

Der ganze Müll hat sich _____

_____

Es tut mir schrecklich leid, dass _____   Wofür entschuldigt sich
Joschi?

_____

_____

Bitte entschuldigen Sie. Ich würde Ihnen gerne einmal   Was bietet Joschi als
Wiedergutmachung an?

_____

_____   **Grußformel:**
Tschüss – Bis bald
Joschi Kühne   Unterschrift

2 Beim Fußballspielen mit Freunden hat der Ball
die Fensterscheibe des Nachbarn zerbrochen.
Überall im Garten liegen kleine Scherben.
Schreibe einen Entschuldigungsbrief an den Nachbarn.

CHECKLISTE

Hast du alles beachtet? Setze ein Häkchen.

- Ich habe eine freundliche Anrede gewählt.
- Ich habe geschrieben, was wir gemacht haben.
- Ich habe geschrieben, was dabei passiert ist.
- Ich habe mich für den Schaden entschuldigt.
- Ich habe ein Angebot zur Wiedergutmachung gemacht.
- Ich habe an die Verabschiedung und Unterschrift gedacht.

_____   **Ort** und **Datum**

_____ Nachbar,   **Anrede**

_____

_____   Was hast du mit deinen
Freunden gemacht?

Auf einmal _____   Was ist dabei passiert?

_____

_____

Es tut mir schrecklich leid, dass _____   Wofür entschuldigst du
dich?

_____

Deshalb möchte ich mich bei Ihnen entschuldigen.

Ich würde Ihnen gerne einmal _____   Was bietest du als
Wiedergutmachung an?

_____

_____   **Grußformel:**
Tschüss – Bis bald
_____   Unterschrift

Sprechen und Zu-hören

→ **Pausenzeichen in ein Gedicht einfügen**

1 Lies dir das Gedicht in Ruhe durch.
Du kannst es auch leise vor dich hin murmeln.

Guten Tag, Tag!

Du kannst nach dem Aufstehen I
dem Tag auf die Schulter
klopfen, II
ihm in die Rippen stoßen,
ihn kräftig umarmen
und zu ihm sagen:
„Guten Tag, Tag!
Willst du bis
heute Abend mein
Kumpel sein?"
Du wirst dich wundern:
Meistens grinst
der Tag und sagt:
„Ja!"

(Josef Reding)

2 Die meisten Menschen begrüßen sich nicht nur mit den Worten „Guten Tag!".
Sie zeigen ihre Freude auch mit ihren Händen oder Armen.
Lies das Gedicht noch einmal. Schreibe zwei weitere Stellen auf,
wo etwas mit Händen oder Armen gemacht wird.

dem Tag auf die Schulter klopfen,

3 In diesem Gedicht unterhalten sich zwei miteinander.
Was sagt der eine? Was sagt der andere? Finde die beiden Stellen.
Markiere sie mit unterschiedlichen Farben.

4 Bereite das Gedicht zum Vorlesen vor. Das machst du am besten so:
• Setze einen Strich (I) dort, wo du eine kleine Pause machen willst.
• Setze zwei Striche (II) dort, wo du eine längere Pause machen willst.
• Lies dir die Strophen mit deinen Vorlesezeichen mehrmals vor.
• Achte auf die beiden unterstrichenen Stellen. Die sollst du besonders betonen.

→ Ein Gedicht für einen Vortrag vorbereiten

Jeder zaubert auf seine Art

Der Zauberer aus Persien,
der zaubert nur in Versien,
und fallen ihm mal keine ein,
4 sagt er: Heut tu ich nichts, nein, nein!

Der Zauberer aus Indien,
der lässt sich selten findien.
Er sitzt im Zauberhaus, sperrt zu
8 und sagt: Heut will ich meine Ruh!

Der Zauberer aus Portugal
zeigt sich dagegen überall.
Er strotzt vor lauter Eitelkeit,
12 drum zaubert er die ganze Zeit.

Der Zauberer aus Spanien,
der zaubert mit Kastanien,
damit man nicht so leicht vergisst,
16 dass er ein ganz Besonderer ist.

Der Zauberer aus Dänemark
braut einen Trank, besonders stark.
Der hilft in allen Lagien
20 bei Nacht und auch bei Tagien.

Zauberer gibt's in aller Welt,
und jeder tut, was ihm gefällt.
Das darfst du ruhig glaubien!
24 Sie können sich's erlaubien!

(Josephine Hirsch)

1 Lies das Gedicht und murmele dabei
leise vor dich hin.

2 Bereite das Gedicht für einen Vortrag vor.
• Unterstreiche die Wörter, die lustig
verändert wurden. Diese Wörter sollst du
bei deinem Vortrag besonders betonen.
• Setze Zeichen für kleinere (I)
und größere Pausen (II).

3 Male ein Bild zur letzten Strophe.
Was könnte hier ein Zauberer tun?

4 Zeigt eure Bilder in einer kleinen Ausstellung.

→ **Einen Text für einen Vortrag vorbereiten**

1 Lies den Text und sprich dabei leise vor dich hin.

Der freche Weckdienst

Guten Morgen. Es ist 7 Uhr, Sie wollten um 10 Uhr geweckt werden.
Guten Morgen. Wollten Sie geweckt werden? Es ist 7 Uhr.
Guten Morgen. Es ist 7 Uhr, Sie wollten um 5 Uhr geweckt werden.
Guten Morgen. Hatten Sie ein Taxi bestellt? Nicht! Aber es ist da.
Guten Morgen. Es ist 7 Uhr, könnten Sie sich vorstellen,
   wer aus unserem Hotel ein Taxi bestellt haben könnte?
Guten Morgen. Könnten Sie mir sagen, wie spät wir es haben?
Guten Morgen. Es ist 7 Uhr, und ich hatte nichts zu tun.
   Ich dachte mir, ich wecke Sie, vielleicht können wir zusammen reden.
Guten Morgen. Es ist 7 Uhr, Sie wollten auf gar keinen Fall vor 11 Uhr
   geweckt werden.

(Erwin Grosche)

2 Erkläre mit deinen Worten, warum der Text „**Der freche Weckdienst**" heißt.

_____

_____

3 Vermute einmal: Wie reagieren wohl die Personen, die angerufen werden?

_____

4 Bereite den Text für einen kleinen Vortrag vor. Nimm dir dazu Zeit.
- Markiere Wörter, die du betonen willst.
- Setze Zeichen für kleinere (I) und größere Pausen (II).
- Trage den Text dreimal vor. Erprobe dabei deine Pausen und Betonungen.

5 Setze ein Häkchen, wenn du deine Vorbereitungen erledigt hast.

CHECKLISTE
- Ich habe einen Strich (I) für meine kurzen Pausen gezogen.
- Ich habe zwei Striche (II) für meine größeren Pausen gezogen.
- Ich habe Wörter markiert, die ich betonen möchte.
- Ich habe den Vortrag geübt.

→ Übungen zum genauen Lesen

1 Hier fehlen die Leerstellen zwischen den Wörtern.
Versuche einmal, den Text zu lesen.

DasWasser,dasausunseremHahnkommt,istmitnichtsaufderWeltvergleichbar.Eswar
wahrscheinlichschoninAfrikaoderamNordpol.VielleichthabenderGletschermannÖtzi
oderdiealtenÄgypterauchschonvonihmgetrunken.UndKleopatrahatdaringebadet.

2 Markiere die Grenzen der Wörter mit einem senkrechten Strich (|).
Lies den Text dann noch einmal.

3 Jetzt wird es noch kniffliger. Kannst du auch diesen Text lesen?
Ziehe senkrechte Striche (|).

WASSERKANNFLÜSSIGSEIN.MANCHMALISTESSTEINHART.DANNISTESEIS.
ESKANNAUCHWEICHSEIN.DANNISTESSCHNEE.WENNESSICHTBAR,ABER
FEDERLEICHTIST,FINDENWIRWASSERINDENWOLKEN.UNDMANCHMALIST
ESUNSICHTBAR.DANNSTEIGTWASSERALSDAMPFZUMHIMMELAUF.

4 Im nächsten Text fehlen sieben Punkte. Setze die Punkte ein.
Lies den Text dann halblaut vor. Mach nach einem Punkt eine kleine Lesepause.

Wasser lässt Wüsten erblühen Es kann aber auch harten, trockenen Boden in ein
Sumpfland verwandeln Wasser ist einmalig Ohne Wasser können wir nicht leben
und müssten sterben Deshalb lieben wir es Darum dürfen wir Wasser niemals als
selbstverständlich hinnehmen und es vergeuden Wir müssen es achten

5 In dieser Leseschlange stecken **zwei** Sätze. Versuche sie zu finden.
Tipp: Markiere die zusammengehörenden Wörter farbig.

EsICHwarSUCHTEunheimlichÄNGSTLICHundNACHichDEMfürchteteLICHTSCHALTERmichAMsehrNACHTTISCH.

6 Dort, wo eine Lücke ist, fehlt dem Wort ein Stück.
Kannst du trotzdem die Sätze ergänzen und lesen?

Wenn die So_____e am Hi_____el mi_____ags am höchsten steht, s_____che ich mir

ein scha_____iges Plätzch_____ zum Ausru_____. Dab_____ kann ich die V_____el

zwitschern hören. Und die W_____lken sehe ich am Hi_____el vorbeizieh_____.

→ Wortschatzübung

1 Der folgende Text hat Lücken.
In der rechten Spalte findest du für jede Lücke zwei Wörter.
Es passt aber immer nur ein Wort sinnvoll in den Text hinein.
Streiche das falsche Wort durch.

Potilla

Am östlichen Rand des _____   **Waldes – Gasthauses**

war es still. Nichts war zu _____   **sehen – hören**

von den Hilferufen der Feen. Nur der Wind raschelte

etwas _____ als sonst in den Blättern.   **leiser – lauter**

Und ein _____ kam den schmalen Weg   **Mädchen – Junge**

am Waldrand entlanggetrottet.

Er hieß Arthur und er hatte seine eigenen

_____.   **Geschenke – Sorgen**

Seine Eltern hatten ihn für zwei Wochen bei seiner

_____ abgegeben.   **Mutter – Tante**

Wegen der _____ Landluft. Obwohl   **gesunden – dreckigen**

er erst drei Tage hier war, war er schon ganz

_____ vor Heimweh.   **blau – krank**

→ Lösungen zum Arbeitsbuch für das gemeinsame Lernen

Seite 6:

Aufgabe 2:

nimmt, liest, gibt, hilft

Aufgabe 3:

nehmen: du nimmst → Nimm!

lesen: du liest → Lies!

geben: du gibst → Gib!

helfen: du hilfst → Hilf!

Aufgabe 4:

nehmen: Ahmet, **nimm** bitte das Flickzeug.

lesen: Celine, **lies** den Radwegplan bitte genau.

geben: Pawel, **gib** mir bitte die geschmierten Brote und das Obst.

helfen: Pia, **hilf** uns beim Packen der Fahrradtaschen.

Seite 7:

Aufgabe 2:

Abed ärgert sich über Manuela, weil sie seine Bücher vom Tisch gestoßen hat.

Aufgabe 3:

Manuela ärgert sich über Abed, weil er sie ausgeschimpft hat, obwohl sie die Bücher nicht mit Absicht hinuntergestoßen hat.

Aufgabe 4–5:

In folgender Reihenfolge sollten die Formulierungen in die Lücken eingefügt werden:

Es tut mir leid – Das war wirklich keine Absicht – Entschuldige.

Seite 8–9:

Aufgabe 1 (mögliche Lösung):

Wolfsburg, 20.02.2013

Liebe Frau Lammers,

am letzten Montag habe ich mit einigen Freunden Fußball mit Ihren Müllsäcken gespielt. Dabei sind die Müllsäcke aufgeplatzt. Der ganze Müll hat sich über die Straße verteilt. Es tut mir schrecklich leid, dass ich dann einfach weggerannt bin. Bitte entschuldigen Sie. Ich würde Ihnen gerne einmal im Garten oder beim Einkaufen helfen.

Bis bald

Joschi Kühne

Aufgabe 2 (mögliche Lösung):

Hildesheim, 07.02.2013

Sehr geehrter Herr Nachbar,

gestern habe ich mit Freunden Fußball auf der Straße vor Ihrem Haus gespielt. Auf einmal habe ich den Ball zu fest getreten. Er ist in Ihr Küchenfenster geflogen und hat es zerbrochen. Es tut mir schrecklich leid, dass nun überall in Ihrem Vorgarten kleine Scherben liegen. Deshalb möchte ich mich bei Ihnen entschuldigen. Ich würde Ihnen gerne einmal den Rasen mähen oder das Auto waschen, um den Schaden wiedergutzumachen.

Tschüss

Mia Maier

Seite 10:

Aufgabe 2:

in die Rippen stoßen, kräftig umarmen

Aufgabe 3:

„Guten Tag, Tag! Willst du bis heute Abend mein Kumpel sein?" – „Ja!"

Seite 12:

Aufgabe 2 (mögliche Lösung):

In dem Text geht es um einen telefonischen Weckdienst in einem Hotel. Die Person, die hier die Gäste weckt, macht aber alles auf freche Weise falsch.

Aufgabe 3 (mögliche Lösung):

Wahrscheinlich reagieren viele Personen verärgert. Einige sind vielleicht auch belustigt.

Seite 13:

Aufgabe 1–2:

Das Wasser, das aus unserem Hahn kommt, ist mit nichts auf der Welt vergleichbar. Es war wahrscheinlich schon in Afrika oder am Nordpol. Vielleicht haben der Gletschermann Ötzi oder die alten Ägypter auch schon von ihm getrunken. Und Kleopatra hat darin gebadet.

Aufgabe 3:

Wasser kann flüssig sein. Manchmal ist es steinhart. Dann ist es Eis. Es kann auch weich sein. Dann ist es Schnee. Wenn es sichtbar, aber federleicht ist, finden wir Wasser in den Wolken. Und manchmal ist es unsichtbar. Dann steigt Wasser als Dampf zum Himmel auf.

Aufgabe 4:

Wasser lässt Wüsten erblühen. Es kann aber auch harten, trockenen Boden in ein Sumpfland verwandeln. Wasser ist einmalig. Ohne Wasser können wir nicht leben und müssten sterben. Deshalb lieben wir es. Darum dürfen wir Wasser niemals als selbstverständlich hinnehmen und es vergeuden. Wir müssen es achten.

Aufgabe 5:
Es war unheimlich und ich fürchtete mich sehr.
Ich suchte ängstlich nach dem Lichtschalter am
Nachttisch.

Aufgabe 6:
Wenn die Sonne am Himmel mittags am höchsten
steht, suche ich mir ein schattiges Plätzchen zum
Ausruhen. Dabei kann ich die Vögel zwitschern
hören. Und die Wolken sehe ich am Himmel vorbei-
ziehen.

Seite 14–15:
Aufgabe 1–2:
Die folgenden Wörter müssen in dieser Reihenfolge
in die Lücken eingefügt werden:
Waldes, hören, lauter, Junge, Sorgen, Tante,
gesunden, krank, mochte, auseinanderhalten, sah,
rot, Grollen, Haus, Scheußliche.

Seite 16:
Aufgabe 3:
Die Wörter können zum Beispiel in folgender Reihenfolge in die Lücken eingefügt werden:
fröhlich, laut, freundlich, bestimmend,
schüchtern, unfreundlich, enttäuscht, gleichgültig,
eingeschnappt.

Seite 17–19:
Aufgabe 7 (mögliche Lösung):
Herkunft
• Krokodile gibt es schon seit 200 Millionen Jahren.
• Sie leben in Amerika, Asien, Afrika und Australien.
• In Europa kann man Krokodile nur im Zoo sehen.
Überlebenskünstler
• Krokodile halten es Wochen oder Monate ohne
  Nahrung aus.
• Sie brauchen wenig Energie, weil ihr Blut nicht
  gewärmt werden muss.
• Sie sind so warm oder kalt wie ihre Umgebung.
Schnelle Jäger
• Krokodile können sehr gut sehen und riechen.
• Sie jagen Fische, Wasservögel und Säugetiere.
• Krokodile schlucken ihre Beute ganz herunter
  oder reißen sie in Stücke.
Selten Gefahr für Menschen
• Nur wenige Krokodilarten sind gefährlich für den
  Menschen, zum Beispiel das australische Leisten-
  krokodil.
• Leistenkrokodile können fünf bis sechs Meter lang
  werden.
• Krokodile greifen Menschen normalerweise nur
  an, wenn sie sich bedroht fühlen.

Seite 20–22:
Aufgabe 7–8 (mögliche Lösung):
Haie nicht so gefährlich
• Haie sind ungefährlicher als ihr Ruf.
• Die meisten Haie fressen Fische oder Plankton.
• Auf der Welt gibt es pro Jahr nur 100 Haiangriffe.
Warum Haie Menschen angreifen
• Haie greifen Menschen an, wenn sie sie mit Nah-
  rung verwechseln.
• Wenn Haie sich durch Menschen belästigt fühlen,
  wollen sie sie durch Bisse vertreiben.
• Haie sind sehr neugierig und schwimmen manch-
  mal in Menschennähe.
Der Mensch als Feind des Hais
• Haie sterben als Beifang.
• Das Töten von Haien wird von vielen Menschen
  als Sport gesehen.
• 70 Haiarten sind weltweit vom Aussterben
  bedroht.

Seite 23:
Aufgabe 3:
Titel: „Ein Schweinchen namens Babe"
Erscheinung: 1995
Art des Films: Spielfilm
Filmlänge: 90 Minuten
Worum geht es?: In dem Film geht es um ein klei-
nes Ferkel, das Babe heißt.
Wo spielt der Film?: auf einer Farm
Wer spielt mit?: Farmer (…) Hogget, Babe, Hündin
namens Fly
Was passiert?: Babe verhält sich eher wie ein
Hund. Es hütet Schafe, vertreibt Schafdiebe und will
unbedingt ein Hüteschwein werden. / Wettbewerb
für Hütehunde / Irgendwann darf Babe doch starten
und gewinnt tatsächlich.
Warum sollte man den Film sehen?: weil die
Geschichte spannend ist / Babe ist ein tolles, richtig
nettes Ferkel.
Was ist besonders gut?: Mir gefällt besonders die
Szene, als Babe den Wettbewerb gewinnt und das
Ziel erreicht.

Seite 24–25:
Aufgabe 2–3:
A Einleitung
1 Ich möchte meine Lieblingsserie „Ducktales"
  vorstellen.
2 Die erste Staffel der Serie lief 1987–1988 in den
  USA.
3 „Ducktales" ist eine Zeichentrickserie. Walt Disney ist der Erfinder der Zeichentrickfiguren.

4 Die Serie läuft jeden Tag um 18:25 Uhr auf RTL II.
5 Sie dauert 30 Minuten pro Folge.

B Mittelteil
1 Die Hauptfiguren sind Onkel Dagobert und seine Neffen Tick, Trick und Track.
2 Weitere Personen sind der Bruchpilot Quak und Daniel Düsentrieb. Sie wollen Onkel Dagobert und den Neffen helfen.
3 Onkel Dagobert und seine Neffen müssen in jeder Folge spannende Abenteuer bestehen. Dabei passieren viele witzige Pannen.

C Schluss
1 „Ducktales" sollte man unbedingt sehen, weil es immer viel Action gibt. Die Serie ist spannend und lustig zugleich.
2 Es macht besonders viel Spaß, die Verfolgungsjagden anzusehen.

Seite 26–27:
Aufgabe 1–4:
Die Pfefferkörner
„Die Pfefferkörner" ist eine beliebte deutsche Abenteuerserie für Kinder. Die Serie läuft seit 2002. Man kann sie samstagmorgens um 8:30 Uhr sehen. Jede Folge der Serie ist 30 Minuten lang. In der Serie geht es um fünf Detektive, die Kriminalfälle lösen. In der sechsten Staffel sind die Hauptpersonen Yeliz, Laurenz, Lilly, Karol und Marie. Die Freunde haben ihren Treffpunkt in der Speicherstadt in Hamburg. Von dort aus ermitteln die Pfefferkörner und lösen Kriminalfälle. Es geht um Schmuggel, Mobbing im Internet oder Erpressung. (…)
Für mich ist die Serie spannend. Die Serie muss man unbedingt sehen, weil interessante Fälle gelöst werden und wichtige Themen wie Mobbing vorkommen.

Seite 28–29:
Aufgabe 2:
Die Wörter sollten in folgender Reihenfolge in die Lücken eingefügt werden:
hautfarbener, grauer Plüsch, Kunstleder, Vereinstrikot in den Farben Blau und Weiß, Jeanshose, Halstuch, weiße Turnschuhe, übergroßen Kopf, riesige Nase, tief, Gesicht, dunklen Augen, offener Mund, rote Zunge.
Aufgabe 3:
Weitere Fußballmaskottchen:
Bär „Berni" (FC Bayern München),
Biene „Emma" (Borussia Dortmund),

Fohlen „Jünter" (Borussia Mönchengladbach),
Dinosaurier „Hermann" (Hamburger SV),
Wolf „Wölfi" (VfL Wolfsburg),
Krokodil „Fritzle" (VfB Stuttgart),
Geißbock „Hennes" (1. FC Köln)

Seite 30–31:
Aufgabe 1:
1. weiße Verschlusskappe
2. Filz mit Löschflüssigkeit
3. Filz mit tintenfarbener Korrekturfarbe
4. blaue Verschlusskappe
Aufgabe 2:
Folgende Wörter sollten in dieser Reihenfolge in die Lücken eingefügt werden:
Hai, saubere, Röhre, Weiß, unsichtbar, Flüssigkeit, schnell, schmutzig, geheime, weißen, lesbar.
Aufgabe 3:
Richtige Aussagen:
Am Anfang habe ich etwas über Aussehen und Material des Tintenkillers gesagt.
Am Schluss habe ich die Besonderheiten des Tintenkillers beschrieben.
Ich habe Fachwörter und Adjektive verwendet.

Seite 32–33:
Aufgabe 2 (mögliche Lösung):
Körper: gedrungen, kräftiger Ruderschwanz, kurze stämmige Beine
Kopf: flach und breit; weit auseinanderstehende Augen
Farbe: Körper: weiß / blassrosa; Augen: blau
Besonders interessant am Axolotl finde ich, dass er verlorene Körperteile nachwachsen lassen kann.
Aufgabe 3:
Die Wörter sollten in folgender Reihenfolge in die Lücken eingefügt werden:
Wassermonster, weiß, bulligen, 20 bis 30, 300, blauen, weit, kleine Bäume, Kleinkind, wachsen, 10 bis 15.

Seite 34–36:
Aufgabe 2:
Die Adjektive müssen in folgender Reihenfolge in die Lücken eingefügt werden:
schmutzige, modernes, laut, alter.
Mögliche Adjektive für die letzten beiden Lücken:
kleine, leise.

Aufgabe 4:
Die Verben müssen in folgender Reihenfolge in die Lücken eingefügt werden:
liege, ziehe, schaukele, knarrt, schwappt, träume, liegt, besichtigen.

Aufgabe 6:
Die Wörter müssen in folgender Reihenfolge in die Lücken eingefügt werden:
dunkel, Bullauge, Licht, hinschaut, entdecken, Rettungsring, rote, Flaschenschiff, erkenne, Hängematte, verrostete, klettert, Schiffsmaus, Pfötchen, uralte, abenteuerlichen, träumen.

Seite 37:
Aufgabe 2:
Folgende Wörter sollten in dieser Reihenfolge in die Lücken eingefügt werden:
Matratze, Truhe, Schmuck, Schlüssel, Standuhr / Uhr, Spiegel, Teddy, Globus.

Seite 38:
Aufgabe 2 (mögliche Lösung):
Unser Lieblingsplatz
Unser Lieblingsplatz befindet sich in einem Hinterhof. Vor unserer Flurtür gibt es eine Treppe, die führt in diesen Hof. Unter der Treppe ist ein Hohlraum. Früher habe ich mich manchmal mit meinem Freund Joschi da versteckt. Wir treffen uns ab und zu jetzt noch dort. Wir bringen auch hin und wieder Sachen an unseren Lieblingsplatz. Jetzt liegt sogar ein alter Teppich auf dem Fußboden. An der Wand hängt die Gardine und in der Mitte steht ein uralter Sessel, ein Tisch mit einer Kerze steht auch dort. Gelegentlich zünden wir die Kerze an. Und dann und wann hören wir auch Musik zusammen oder wir reden. Dann haben wir keine Langeweile.

Seite 40:
Aufgabe 1:
Folgende Wörter sollten in dieser Reihenfolge in die Lücken eingefügt werden:
dunkel / feucht; kalt / modrig; ängstlich / aufgeregt; Schatten; Herzklopfen / nasse Hände; Fauchen / lautes Knurren; Augen; Kater.

Seite 41–42:
Aufgabe 2:
Folgende Adjektive sollten ausgewählt werden:
schönen, sanft, kleines, gemütlich, gefährlichen, tapfer, spitzen, verletzte, verzweifelter, turmhoch.
Aufgabe 4:
schloss, öffnete, war, waren, schimmerte, war, erzählte, lachte (aus), bewunderte

Aufgabe 5:
Ich öffne sie wieder. Das Wasser schimmert. Ist das alles nur ein Traum? Ich erzähle von dem Seefahrer. Mein Bruder lacht mich aus. Meine Mutter bewundert mich.

Seite 43:
Aufgabe 2:
Eine Wintergeschichte
Im letzten Winter war ich oft Schlittschuh laufen.
An einem Nachmittag war es besonders kalt.
Deshalb trug ich eine Daunenjacke und eine Thermohose.
Sogar Ohrenschützer hatte ich aufgesetzt.
Trotzdem begann ich langsam zu frieren.
Dann fing es auch noch zu schneien an.
Plötzlich stolperte ich und fiel hin.
Dabei hatte ich mir wehgetan.
Jetzt wollte ich nach Hause ins Warme.
So schnell ich konnte, lief ich nach Hause.

Seite 44–45:
Aufgabe 1:
U-Bahn-Fahren für Anfänger
Im Mai haben wir einen Ausflug mit der Klasse nach Hamburg gemacht. Leider hatten wir zwei Stunden Verspätung. Endlich kamen wir um 10 Uhr in Hamburg am Hauptbahnhof an.
Dann standen wir alle in der großen Bahnhofshalle zusammen. Unsere Klassenlehrerin verteilte die Karten für die U-Bahn. Jeder bekam eine. Mit einer Rolltreppe ging es unter die Erde.
Wir standen alle auf dem Bahngleis zusammen. Die Bahn bremste laut. Alle drängten in den Wagen. „Beeilt euch!", hörte ich noch Frau Rode rufen. Ich war ganz hinten in der Schlange. Da schloss sich doch die Tür automatisch. Alle waren drin, nur ich war draußen!
Aufgabe 2 (mögliche Lösung):
Zum Glück hatte ein freundliches Ehepaar beobachtet, wie ich meine Klasse verloren hatte. Der Mann und die Frau gingen mit mir zum Büro des U-Bahn-Personals. Von dort aus wurde der Fahrer der davongefahrenen Bahn informiert. Dieser machte in seiner U-Bahn eine Durchsage. Er forderte meine Lehrerin und die Klasse dazu auf, an der nächsten Station auszusteigen und dort auf mich zu warten. In der Zwischenzeit nahm das nette Ehepaar mit mir zusammen die nächste Bahn und fuhr mit mir bis zu dieser Station. Das gab vielleicht ein großes Hallo, als meine Klasse und ich uns wiederfanden!

Seite 46–47:

Aufgabe 2:

In dem Zeitungsartikel geht es um einen Mann, der im Fenster eines Toilettenhäuschens stecken geblieben war. Eine Frau alarmierte die Polizei, die dem Mann mit einer Leiter zu Hilfe kam.

Aufgabe 3 (mögliche Lösung):

Was ist geschehen?

Eine Frau entdeckte einen Mann, der im Fenster eines öffentlichen Toilettenhäuschens stecken geblieben war.

Wo ist es geschehen?

in der saarländischen Stadt Saarlouis

Wann ist es geschehen?

in der Nacht zum Dienstag (um etwa halb drei morgens)

Wem ist etwas passiert?

einem 29-jährigen Mann

Warum ist es geschehen?

Der Mann war kurz vor Mitternacht auf die Toilette gegangen und dort eingeschlafen. Als er zweieinhalb Stunden später erwachte, fand er die Haupttür verschlossen vor. Daraufhin versuchte er, durch ein Fenster des Toilettenhäuschens ins Freie zu steigen.

Wer hat sich um eine Lösung bemüht?

die Polizei, die von der jungen Frau alarmiert wurde

Wie ist das Ganze ausgegangen?

Die Polizisten konnten den eingeklemmten Mann mit Hilfe einer Leiter befreien.

Aufgabe 4 (mögliche Lösung):

(…)

Frau: „Auf der Hauptstraße in Saarlouis."

Polizist: „Was ist geschehen?"

Frau: „Ein Mann steckt im Fenster eines Toilettenhäuschens fest."

Polizist: „Wie viele Personen sind betroffen?"

Frau: „Es ist nur der eine Mann betroffen."

Polizist: „Welche Art der Verletzung liegt vor?"

Frau: „Der Mann ist an der Hüfte eingeklemmt, scheint aber unverletzt zu sein."

(…)

Seite 48–50:

Aufgabe 1:

Mögliche Titel:

Die ungenügende Klassenarbeit

Die schlechte Mathearbeit

Die Unterschrift

Was Vater nicht weiß …

Aufgabe 2 (mögliche Lösung):

1 Der Lehrer gibt Nicki eine Klassenarbeit zurück.

2 Der Vater soll die Arbeit unterschreiben, weil Nicki so viele Fehler gemacht hat.

3 Zu Hause verbindet Nicki sich die Augen und übt, seinen Namen blind zu schreiben.

4 Der Vater will das, nachdem er seinem Sohn eine Weile zugesehen hat, auch ausprobieren.

5 Während der Vater mit verbundenen Augen seine Unterschrift zu schreiben versucht, hält Nicki ihm heimlich die schlechte Klassenarbeit hin.

6 Nachdem Nicki auf diese Weise die Unterschrift des Vaters erhalten hat, steckt er die unterschriebene Klassenarbeit zufrieden in seine Schultasche.

Aufgabe 3 (mögliche Lösung):

Nicki sorgt dafür, dass der Vater mit verbundenen Augen seinen Namen schreibt, und schiebt ihm dabei die Klassenarbeit unter den Füller. Auf diese Weise unterschreibt der Vater die schlechte Arbeit, ohne es zu merken.

Aufgabe 5:

A3, B6, C5, D1, E4, F2

Aufgabe 6:

A Plötzlich …

B schnell, zufrieden

C schob, unterschrieb

D „Die Arbeit lässt du von deinem Vater unterschreiben!", sagte sein Mathelehrer.

E Und was er dann tat, war ganz schön clever.

F wie ein Häufchen Elend

Seite 51–54:

Aufgabe 3 (mögliche Lösung):

Vorankündigung:

Aber dann gab es einen aufregenden Zwischenfall! / Aber einmal jagte der Hamster seiner Lisa dabei einen Riesenschrecken ein!

wörtliche Rede:

Dann weinte sie wie verrückt und schrie:

„Papa, komm bitte schnell! Mein armer Pommel ist weg, er ist im Abfluss!"

passende Adjektive:

Lisa nahm die Bürste und stieß sie ganz hektisch / fest / schnell in den Abfluss.

passendes Adjektiv: pitschnass

Gedankenrede:

Oh nein, wo ist Pommel nur?! Ich hoffe, es geht ihm gut. Hoffentlich ist er nicht verletzt!

Spannung erzeugende Wörter:

unerwartet, mit einem Mal

passende Adjektive:
Im Grunde passen alle vorgeschlagenen Adjektive,
am besten aber: erleichtert / freudig / glücklich.
anschaulicher Vergleich:
„… Das ist, als hätte ich dich ein zweites Mal ge-
schenkt bekommen!" / „… Das ist so erleichternd,
als wären mir vor Freude Flügel gewachsen!"

Seite 55–56:
Aufgabe 2:
Die Frau stellt den Kuchen auf die Fensterbank,
damit er abkühlt.
Zwei Kinder nehmen den Kuchen weg und essen
ihn heimlich auf.
Die Frau denkt, der Hund hat den Kuchen aufge-
fressen.
Aufgabe 3:
Mögliche Überschriften:
Der Kuchendiebstahl
Der unschuldige Hund
Der verschwundene Kuchen
Kluge Diebe
Aufgabe 5 (mögliche Lösung):
Der Kuchendiebstahl
An einem schönen Sommertag backte Frau Süß
einen leckeren Kuchen. Als sie ihn aus dem Ofen
nahm, duftete er köstlich. Sie stellte ihn zum
Abkühlen auf die Fensterbank des weit geöffneten
Küchenfensters. „Noch ein wenig Geduld, Marvin",
sagte sie zu ihrem kleinen Sohn, „bald können wir
die ersten Stücke probieren." Marvin freute sich
schon.
Die beiden bemerkten nicht, dass sie von den
frechen Nachbarskindern Flo und Janne beobachtet
wurden. „Siehst du auch, was ich sehe?", flüsterte
Flo aufgeregt und leckte sich die Lippen. Janne
antwortete: „Ja, lecker! Los, den Kuchen greifen wir
uns!" Gesagt, getan. Kaum waren Frau Süß und
Marvin weg, nahmen Flo und Janne den Kuchen
heimlich von der Fensterbank. Sie trugen ihn ins
Gebüsch und ließen ihn sich schmecken. Nur ein
paar Krümel blieben übrig.
„Selten so einen guten Kuchen gegessen", sagte
Flo hinterher, zufrieden und pappsatt. „Ich hoffe nur,
Frau Süß kommt nicht darauf, dass wir die Kuchendiebe waren. Das gibt sonst eine Menge Ärger!"
Jannes Augen blitzten vergnügt. „Sie wird nicht
darauf kommen, Flo", versprach sie. „Denn ich habe
eine super Idee!"
Jannes Idee war wirklich genial. Sie sah folgender-
maßen aus: Erst stellten Flo und Janne den leeren
Kuchenteller ins Gras vor das Küchenfenster. Dann
lockten sie Bosko, den gutmütigen Hund der

Familie Süß, mit einigen Krümeln zu sich. „Bleib!",
befahlen sie ihm. Bosko war ein gut erzogener
Hund und gehorchte natürlich. Janne und Flo aber
machten sich kichernd aus dem Staub.
Wenig später kehrten Frau Süß und Marvin in die
Küche zurück. Erschrocken bemerkten sie, dass
der Kuchen verschwunden war. Als sie aus dem
Fenster blickten, entdeckten sie den braven Bosko.
Er stand schwanzwedelnd im Gras – neben dem
leeren Kuchenteller.
„Bosko!", heulte Marvin los. „Du böser Hund!" Und
auch Frau Süß schimpfte: „Dafür bekommst du
heute Abend kein Futter mehr, du Gierschlund!" So
musste der unschuldige Bosko hungern.
Die klugen Kuchendiebe aber kamen ungeschoren
davon.

Seite 57–58:
Aufgabe 3:
Mögliche Überschriften:
Wer zuletzt lacht, lacht am besten
Reingefallen!
Eine Kette aus Schuhen
Till lässt Schuhe schwimmen
Aufgabe 4 (mögliche Lösung):
a) Die Mutter war wütend auf Till, weil sie nicht
   wollte, dass er Kunststücke übte. Er sollte einen
   normalen Beruf lernen.
b) Die Mutter bestrafte Till, indem sie das Seil
   durchschnitt, auf dem er seine Kunststücke und
   Sprünge machte. So stürzte er in den Fluss.
c) Till wollte den Menschen einen Denkzettel ver-
   passen, weil sie darüber gelacht, gespottet und
   geklatscht hatten, dass er in den Fluss gefallen
   war.
d) Till versprach den Menschen ein noch tolleres
   Kunststück. Er ließ sich von allen den linken
   Schuh geben, knotete alle Schuhe mit den
   Schnürsenkeln aneinander und fädelte sie auf
   das Seil. Dann schnitt er das Seil durch, und die
   zusammengebundenen Schuhe fielen in den
   Fluss.
Aufgabe 5:
Richtig sind die Sätze a), c) und d).

Seite 59–60:
Aufgabe 2 (mögliche Lösung):
a) Till wurde 1290 in einem Dorf in der Nähe von
   Braunschweig geboren.
b) Till starb 1350.
c) Till wurde 60 Jahre alt.
d) Das Wort „Eule" in „Eulenspiegel" deutet darauf
   hin, dass Till Eulenspiegel ein kluger Kopf war,

denn die Eule gilt als kluger Vogel. „Spiegel" steht dafür, dass Till den Menschen mit seinen Streichen „den Spiegel vorgehalten hat". Sie sollten ihre Fehler und ihr schlechtes Verhalten erkennen.

e) Till setzte sich für Bettler, Gaukler und Straßenmusikanten ein. Er mochte eingebildete Handwerker, Professoren und Priester gar nicht.

f) Arme Menschen waren früher in einer schlechten Lage, weil es noch kein Gesetz gab, das sie schützte. Sie wurden von den Reichen ausgenutzt und schlecht behandelt und mussten für sehr wenig Lohn hart arbeiten.

g) Till war bei den armen Menschen so beliebt, weil seine Streiche sich gegen die Reichen richteten. Mit seinen Scherzen wollte er ein wenig Gerechtigkeit für die Armen herstellen.

Seite 61–62:
Aufgabe 2:
Till soll die Fenster streichen, und zwar so ordentlich, dass er „kein Stückchen auslässt".

Aufgabe 3 (mögliche Lösung):
Till holte sich Pinsel und Farbe und begann, die Holzrahmen der Fenster mit roter Farbe zu bestreichen. Danach pinselte er auch die Scheiben dick rot an. Er gab sich viel Mühe, dass alles ordentlich angemalt und kein Stück ausgelassen war. Hihi, das wird ein Spaß, wenn mein Herr das sieht!, dachte er.
Nachdem der Malermeister aufgewacht war, ging er nach draußen zu Till. Als er entdeckte, wie Till seinen Auftrag ausgeführt hatte, wurde er sehr wütend. Er schimpfte: „Bist du wahnsinnig geworden? So kann man doch gar nicht mehr durch die Scheiben hindurchsehen! Alles ist rot! Du bist gefeuert, und zwar sofort!"
Aber Till Eulenspiegel blieb ganz ruhig und antwortete: „Ich weiß gar nicht, warum du dich so aufregst. Ich habe genau das getan, was du mir befohlen hast: Ich habe die Fenster gestrichen und dabei kein Stück ausgelassen."

Seite 63–64:
Aufgabe 1:
In folgender Reihenfolge müssen die Begriffe in den Lücken stehen:
sieben, Wald, Futter, Wolf, Geißlein, Kreide, rau, Tür, Bäcker, Versuch, fraß, Uhrenkasten, erzählte, schlafend, Bauch, Wackersteinen, trinken, ertrinken.

Aufgabe 3:
• Anfangsformel „Es war einmal …"
• am Ende siegt meist das Gute

Seite 65–67:
Aufgabe 4 (mögliche Lösung):
Deshalb sagte er wütend zum Hasen: „Ich kann auch mit meinen kurzen Beinen schnell laufen. Bestimmt sogar schneller als du!" Der Hase wollte das nicht glauben. Da hatte der Igel eine Idee. Er schlug vor, mit dem Hasen um die Wette zu laufen. Sie wetteten um ein Goldstück und eine Flasche Wein. Vor dem Wettlauf ging der Igel noch kurz nach Hause und erzählte seiner Frau von der Wette. Seine Frau rief: „Bist du verrückt geworden? Du kannst doch nicht schneller laufen als ein Hase! Du hast doch so kurze und krumme Beine. Und ein Hase läuft sehr schnell." Der Igel war sich aber ganz sicher. Er nahm seine Frau mit zum Feld. Dort sollte sie an einem Ende warten und „Ich bin schon da!" rufen, wenn der Hase ankam.
Der Igel und der Hase begannen ihren Wettlauf. Aber der Igel rannte gar nicht, sondern blieb, wo er war. Nur der Hase lief sehr schnell. Als der Hase am anderen Ende ankam, rief die Igelfrau: „Ich bin schon da!" Der Hase wusste nicht, dass er die Igelfrau sah. Darum war er ganz erstaunt, dass der Igel scheinbar so schnell gerannt war. Er konnte es nicht glauben und wollte noch eine Runde laufen, um dieses Mal zu gewinnen. Aber der Igel war wieder schneller. Zumindest glaubte der Hase das, weil der Igel wieder „Ich bin schon da!" rief. Der Hase versuchte es immer weiter und lief 73-mal hin und her.

Seite 68:
Aufgabe 1:
In dieser Reihenfolge müssen die Wörter in die Lücken eingefügt werden:
klar, Hasen, Stadionrasen, Elefanten, Tanten, vieren, spazieren, Gemüsemarkt, geparkt, Versteck, weg, Nasenstüber, drüber, wahr.

Aufgabe 2:
Am 31. Februar, den es ja gar nicht gibt, werden faustdicke Lügen und unglaubliche Verrücktheiten wahr.

Seite 69:
Aufgabe 1:
Diese Wörter müssen in folgender Reihenfolge in die Lücken eingefügt werden:
steht, geh, Tag, Meer, Tier, sagen, stumm, steht.

Seite 70–73:

Aufgabe 2 (mögliche Lösungen):

Er war größer als die anderen Kinder.

Er saß jeden Tag auf der Treppe vor seinem Haus einfach so da.

Er machte meistens ein böses Gesicht.

Manchmal spuckte er auf die Straße.

Manchmal pfiff er ganz laut auf zwei Fingern.

Manchmal boxte er mit beiden Fäusten in die Luft.

Aufgabe 3:

Richtig sind a), c), f) und g).

Aufgabe 4:

Es wusste ja nicht, dass die anderen vor ihm Angst hatten.

Aufgabe 5 (mögliche Lösung):

Der Junge hat gelacht, weil er allein war und nun froh ist, dass jemand mit ihm spielt.

Aufgabe 6 (mögliche Lösungen):

Morgen wollten sie ihn fragen, …

… wie er hieß.

… ob er auch mal mit ihnen spielen wollte.

… ob sie sich mal sein Zimmer ansehen durften.

… ob er mit auf den Spielplatz kommen wollte.

… ob er ihnen zeigen konnte, wie man so laut auf zwei Fingern pfiff.

… wo er vorher gewohnt hatte.

… welche Spiele er gerne mochte.

…

Aufgabe 8:

Es stimmen **nicht** die Vermutungen b), c), e) und f).

Aufgabe 10:

Mögliche Überschriften:

Der Junge mit dem bösen Gesicht

Der Junge, vor dem alle Angst hatten

Der neue Junge in der Talstraße

Angst

Aufgabe 11 (mögliche Lösung):

(…) Merkwürdig, dass die anderen Kinder immer so komisch guckten, wenn sie mich auf der Treppe vor meinem Haus sitzen sahen. Auch schienen sie einen Bogen um mich zu machen. Weil niemand mit mir redete, wurde meine Langeweile noch größer. Manchmal vertrieb ich mir die Zeit damit, auf die Straße zu spucken. Oder ich pfiff ganz laut auf zwei Fingern. Das kann ich nämlich richtig gut! Ich hoffte, dass die anderen Kinder dadurch vielleicht neugierig wurden und mich ansprachen. Vielleicht fragten sie mich, ob ich Lust zum Spielen hätte. Aber es klappte nicht. Niemand wollte etwas mit mir zu tun haben!

Ich konnte das nicht verstehen und war zu schüchtern, selbst eins der Kinder anzusprechen. Mein Alleinsein machte mich richtig traurig. Weil ich traurig war, übte ich ein wenig Luftboxen, um mich abzulenken. Warum nur reden die anderen in der Talstraße nicht mit mir?, grübelte ich. Sie schienen sogar die Straßenseite zu wechseln, um nicht an mir vorbeigehen zu müssen. Seltsam. Ich wollte ihnen doch nichts Böses tun!

Dann stand eines Tages plötzlich ein Junge vor mir. Ich hatte ihn noch nie gesehen. Darum nahm ich an, dass er zu Besuch in der Talstraße war. Der Junge hielt einen Ball in den Händen, und er fragte mich, ob wir zusammen spielen wollten. Mich! Ganz freundlich fragte er! Ich war so glücklich, dass ich hell auflachte und natürlich sofort zustimmte.

Wir spielten dann Torschießen. Und am nächsten Tag kamen die anderen Kinder der Straße zu mir und fragten mich, wie ich heiße …

Seite 74–79:

Aufgabe 2:

a) Nett

b) Der Name passt nicht zu dem Schuhmacher.

Mögliche Beispiele: Er vergisst, Swipp zu füttern, wenn er betrunken ist. Er sagt immer: „Kinder sind eine Rasselbande, sie müssen jeden Tag Prügel kriegen."

c) **Äußeres:** Swipp war schmutzig und zerzaust.

Verhalten: Er knurrte und bellte in einem fort.

d) Ole spricht freundlich mit Swipp.

e) Ole bringt Swipp einen Knochen mit und spricht wieder freundlich mit ihm.

Aufgabe 4:

Zeile 54–56: Swipp hüpfte und sprang und bellte vor Freude, denn er war so lange angebunden gewesen, dass es ihm schrecklich über war.

Aufgabe 5 (mögliche Lösung):

Der Schuhmacher kümmert sich nicht gut um Swipp, darum geht es dem Hund schlecht: Er muss hungern, ist schmutzig und lebt im Dreck. Natürlich ist er darüber unglücklich, und das macht ihn feindselig und bissig. Als Ole ihn dann aber füttert und pflegt, ist Swipp darüber so glücklich, dass er freundlich und fröhlich wird.

Aufgabe 6:

1: Ole streichelt Swipp.

2: Ole macht die Hundehütte sauber.

3: Er legt frisches Heu in die Hundehütte.

4: Er wäscht Swipps Trinknapf aus.

5: Er füllt den Trinknapf mit frischem Wasser.

6: Er gibt Swipp eine Menge zu fressen.

7: Ole macht mit Swipp einen langen Spaziergang.

Aufgabe 9 (mögliche Lösung):

Ob ein Hund sich lieb oder bösartig verhält, hängt stark davon ab, wie sich „sein" Mensch um ihn kümmert. Wenn er nachlässig oder gar gemein behandelt wird, ist er darüber wahrscheinlich so unglücklich, dass er selbst unfreundlich und bissig wird.

Aufgabe 10:
Zeile 54 bis 56

Aufgabe 11:
Swipp heult und ist schrecklich traurig.

Seite 80:

Aufgabe 1:
Wörter mit langem Vokal:
Ka-ter, Rau-pe, Wa-le, Lö-we, Bi-ber
Wörter mit kurzem Vokal:
Kat-ze, Wes-pe, Spin-ne, Wan-ze, Qual-le

Aufgabe 2:
Wörter mit langem Vokal:
Mö-gul, Mau-fel, Lö-tel, Kö-bel, Lü-sel
Wörter mit kurzem Vokal:
Mög-gel, Müm-mel, Lot-tel, Kur-rel, Lom-mel

Aufgabe 3:
Wörter mit langem Vokal:
Tie-re, Kü-he, Re-he, Zie-gen, Scha-fe, Bä-ren
Wörter mit kurzem Vokal:
En-ten, Gän-se, Hun-de, Spat-zen

Seite 81:

Aufgabe 1 (mögliche Lösungen):
Ich genoss die herrliche Ruhe.
Ich brauche neue Schuhe.
Das ist doch die Höhe!
Sie wackelt lustig mit ihren Zehen.
Hannah war als Erste an der Reihe.
Die Kühe grasen auf ihrer Weide.
Ich bitte dich um Verzeihung.

Aufgabe 2:
Jana steht auf dem Aussichtsturm und sieht auf die Stadt.
Im Grill glüht die Holzkohle; der Rauch weht Alex in die Augen.
Ein großer Junge droht dem kleinen Pitt mit der Faust; da flieht er.

Seite 82–83:

Aufgabe 1:
Bahn, Fohlen, Gefahr, Gefühl, Jahr, Lehrer, Mehl, Ohren, Sohn, Wohnung, Zahl

Aufgabe 2:
Wörter mit **hl**: kü**hl**, ho**hl**, wo**hl**
Wörter mit **hm**: za**hm**, berü**hm**t, la**hm**
Wörter mit **hn**: ä**hn**lich, o**hn**e, ze**hn**
Wörter mit **hr**: e**hr**lich, me**hr**, wa**hr**

Aufgabe 4:
ich bezah-le, ich füh-le, ich rüh-re, ich woh-ne, ich fah-re, ich füh-re, ich steh-le, ich zäh-le, ich feh-le, ich neh-me, ich weh-re mich

Aufgabe 5:
Jan und Carolin wohnen in der Bergstraße und fühlen sich dort wohl. Im Supermarkt darf man Schokolade nicht stehlen, sondern muss sie bezahlen. Die Kinder zählen ihr Geld, es fehlen ihnen aber 50 Cent.

Aufgabe 6:
Tobi hatte Geburtstag. Mutter schenkte ihm einen Werkzeugkasten. Tobi bedankte sich bei ihr dafür. Mutter nahm ihn in die Arme.

Seite 84:

Aufgabe 1:
ver-raten, ver-reisen, er-reichen, er-richten, über-reden, über-reichen, unter-rühren, unter-richten, zer-reißen, zer-reiben

Aufgabe 2:
ab-beißen, ab-brechen, an-nehmen, an-nageln, weg-geben, weg-gehen, ent-tarnen, ent-täuschen, aus-sehen, aus-steigen

Seite 85:

Aufgabe 1:
alle, bestimmt, dann, glatt, hell, immer, krumm, nett, schlimm, toll, voll, wenn

Aufgabe 2:
Ich liebe den Kater, denn er ist freundlich zu mir.
Im Zimmer drinnen ist es warm, der Kamin darin heizt gut.
Sag mir, wen liebst du, wenn du überhaupt jemanden liebst?
Wenn meine Eltern doch endlich kämen, um mich zu kämmen!
Der Klugschnabel glaubt immer, im Recht zu sein!

Seite 86:

Aufgabe 1:
schwimmen, dumm, Taucherbrille, dabeihatte, wollte, schaffen, klappte, kletterte, knallte, nennt, donnerte, brannte, gefallen, drittes, hatte, getroffen, alles, glatt, Beifall, bekommen

Aufgabe 2:
dabeihatte: dabeihaben, wollte: wollen, klappte: klappen, kletterte: klettern, knallte: knallen, nennt: nennen, donnerte: donnern, brannte: brennen, hatte: haben, getroffen: treffen

© Westermann, Lösungen zum Arbeitsbuch für das gemeinsame Lernen (978-3-14-120791-0)

Seite 87:

Aufgabe 1:

Wörter mit tz: Platz, Witz, Tatze, Satz

Wörter mit z: Pilz, Schnauze, Heizung, Kauz, Wanze, Kranz, Kreuz, Ranzen

Aufgabe 2:

platzen – der Platz, schmutzig – der Schmutz, sitzen – der Sitz, spitz – die Spitze, trotzdem – der Trotz, witzig – der Witz

Aufgabe 3:

Als wir letztes Mal zum Pilzesammeln in den Wald gegangen sind, lief uns plötzlich ein Fuchs über den Weg. Wir sind ganz still stehen geblieben, trotzdem bemerkte er uns und lief weg.

Seite 88:

Aufgabe 1:

blinken – der Blinker, trinken – das Getränk, stark – die Stärke, stinken – der Gestank, beschränkt – der Schrank, spuken – der Spuk, eckig – die Ecke, spucken – die Spucke

Aufgabe 2:

kleckern, trinken, zanken, stinken, quieken, trocken, parken, jucken

Aufgabe 3 (mögliche Lösung):

Paul war lange krank, aber nun geht es ihm wieder gut.

Susanne ist sehr stark.

Ich liebe Musik, sie macht mich fröhlich.

Seite 89:

Aufgabe 1:

aßen – fraßen, lassen – hassen, Schüsse – Küsse, Straße – Maße, Grüße – Füße, reißen – beißen, Schüssel – Schlüssel, wissen – gebissen

Aufgabe 2:

Der Dackel auf dem Sessel saß

und ganz vergnügt sein Futter fraß.

Der Spitz in Dackels Ohren biss

und ihm den Knochen gleich entriss.

Doch der sich nichts gefallen ließ,

den Spitz ganz schnell beiseitestieß

und dann mit einem kräftigen Biss

den Spitz in eine Ecke schmiss.

Aufgabe 3:

Ich **weiß**, ich **muss draußen** auf der **Straße bloß** noch ein **bisschen** auf dich warten.

Seite 90:

Aufgabe 1:

träumen – Traum, Kräuter – Kraut,

schäumen – Schaum, Geräusch – rauschen,

Bäume – Baum, Räuber – Raub,

Sträucher – Strauch, Zäune – Zaun,

Gebäude – Bau

Aufgabe 2:

Bäume kommt von **Baum**,

und **schäumen** kommt von Schaum.

Aufräumen kommt von Raum,

und **träumen** kommt von Traum.

Geräusche kommt von **rauschen**,

vortäuschen kommt von **tauschen**.

Räuber kommt von **Raub**,

betäuben kommt von **taub**.

Aufgabe 3 (mögliche Lösung):

läuten: Laut, laut, lauthals, lautlos

zäumen: Zaumzeug, Zaum (im Zaum halten)

Seite 91:

Aufgabe 1:

Hände – Hand, Geländer – Land, Kälte – kalt, Zähne – Zahn, Ständer – Stand, Schwäche – schwach, Geschäft – schaffen, Fläche – flach, ängstlich – Angst

Aufgabe 2:

Die **Fläche** kommt von flach,

und **Dächer** kommt von Dach.

Die **Schwäche** kommt von schwach,

und **Fächer** kommt von Fach.

Geländer kommt von **Land**,

anständig kommt von **Stand**.

Die **Kälte** kommt von **kalt**,

doch **Eltern** nicht von alt!

Seite 92:

Aufgabe 1 (mögliche Lösung):

klug – klüger, schräg – (die) Schräge,

rund – (eine) Runde, blond – (die) Blonde,

gesund – gesünder, blind – (der) Blinde,

lieb – (die) Liebe, gelb – (der) gelbe (Ball),

halb – halbe (Sachen)

Aufgabe 2:

Aus **Geld** mach ich Gelder,

aus **Feld** mach ich Felder.

Aus **Dieb** mach ich Diebe,

aus **lieb** mach ich Liebe.

Aus **siegt** mach ich siegen,

aus **kriegt** mach ich kriegen.

Aus **lebt** mach ich leben,

aus **gibt** mach ich geben.

Aufgabe 3:

rund, biegt, halb, schräg

Seite 93:

Aufgabe 1:

eine **J**ahreszeit, **das L**aub, **die B**lätter,
Die Kastanien, (mit) **einem K**nall, **Die K**ugeln,
die Samen

Aufgabe 2:

die Fische, (Mit) **den F**lügeln, **die V**ögel,
Die Lunten, **die S**chwänze, **der F**üchse,
Ein Schweif, **der S**chwanz, **eines P**ferdes

Aufgabe 3:

Nicht nur **die F**liegen können fliegen, sondern
fliegen können auch **die F**lieger.

Seite 94:

Aufgabe 1:

unsere Wohnung, (in) **meiner N**ot,
unsere Nachbarin, **mein G**lück

Aufgabe 2:

In **meiner W**ut kenne ich manchmal **meine F**reunde
nicht wieder. Dann fängt **meine S**timme zu zittern
an. Ich verderbe ihnen dann **ihre L**aune. Das ist
meine Schuld!

Seite 95:

Aufgabe 1:

(mit) **rotem K**etchup, **frischen O**bstsalat,
guten Appetit

Aufgabe 2:

ein großer Spaß, **eine lustige P**arty,
der nächste Morgen, **ein schönes E**rlebnis

Aufgabe 3:

Ein richtiger Hunger wird am besten durch **ein gutes
E**ssen gestillt.

Seite 96:

Aufgabe 1:

am Abend, **beim S**port, **vom T**oben, **im** Regen,
am Morgen, **zum A**bschied

Aufgabe 2:

am nächsten Abend, **zum großen G**lück,
beim letzten Mal, **im neuen J**ahr

Aufgabe 3:

Lucy ist **im S**chwimmen grottenschlecht. Auch **beim
T**auchen ist sie nicht besonders. Sie fürchtet sich
nämlich, **ins W**asser zu gehen. Das ist nicht **zum
L**achen! Lucy ist nämlich eine Katze.

Seite 97:

Aufgabe 1–2:

Conny schrieb **einen B**rief an **ihre F**reundin. **Zum
S**chreiben benutzte sie **einen neuen F**üller. Den
hatte sie **beim** Vorlesewettbewerb (am **W**ochen-
ende) gewonnen. **Das** Vorlesen hatte **die Z**uhörer

zum Staunen gebracht. Conny schrieb **ihrer**
Freundin **im** Brief, wie **der** Wettbewerb abgelaufen
war. Es hatte ihr **großen** Spaß gemacht.

Seite 98:

Aufgabe 1:

Was war denn an dem Film so toll? Erzähl doch
mal! Ich kann es mir gar nicht vorstellen. Es war ein
3D-Film. Weißt du, was das ist? Da sieht man durch
eine Brille alles auf einen zukommen. Manchmal
kriegt man einen Schreck. Du glaubst es nicht! Hast
du so etwas auch schon gesehen? Natürlich. / !
Da sind Steinbrocken auf mich zugeflogen. Ich bin
richtig zusammengezuckt. / ! Schrecklich! Mir ist es
auch so gegangen. Was habe ich da gemacht?
Ich habe die Hände vors Gesicht gehalten.

Aufgabe 2:

Kannst du mir mal den Hammer heraufreichen?
Ich stehe hier gerade auf der Leiter.
Ich mache gerade Hausaufgaben. Musst du mich
immer stören? / !
Bitte, es dauert doch nur einen Augenblick.

Aufgabe 3 (mögliche Lösung):

Unser Hund spielt oft mit der Nachbarskatze.
Magst du auch so gerne Schokoladeneis?
Hör mir endlich zu!

Seite 99:

Aufgabe 1–3:

Die Katze sagte: „Von meinem Herrchen bekomme
ich täglich herrliches Katzenfutter."
Der Kater antwortete: „Das ist doch bloß was für
Schmusekätzchen."
Die Katze rief: „Du bist ja nur neidisch!"
Der Kater protestierte: „Aber hör mal!"
„Aber du musst doch etwas fressen", sagte die
Katze.
Die Katze fragte: „Kriegst du vielleicht etwas
Besseres?"
„Ja, ich fange Mäuse", sagte der Kater.
Die Katze schüttelte sich und rief: „Igittegitt –
Mäuse!"
„Die sind eine Delikatesse", sagte der Kater.
Da fragte die Katze: „Wie geht das eigentlich mit
dem Mäusefangen?"
„Ich lege mich auf die Lauer und warte", antwortete
der Kater.
Die Katze fragte: „Wie lange musst du denn da
warten?"
„Manchmal mehrere Stunden", antwortete der
Kater.
Da rief die Katze: „Deine Geduld möchte ich
haben!"

Seite 100:

Aufgabe 1:

Zum Frühling zählen die Monate März, April, Mai.

Zum Sommer zählen die Monate Juni, Juli, August.

Zum Herbst zählen die Monate September, Oktober und November.

Zum Winter zählen die Monate Dezember, Januar und Februar.

Aufgabe 2:

Im Frühling blühen die Apfelbäume, Kastanien und Veilchen.

Im Sommer blühen die Rosen, Tulpen, Margeriten und Gänseblümchen.

Im Herbst reifen die Äpfel und Birnen, Pflaumen, Pfirsiche und Hagebutten.

Im Winter gibt es Eis, Schnee oder Regen, Matsch und Glatteis.

Aufgabe 3:

Ich esse gern Bratwürstchen, Pommes, Spaghetti und Vanilleeis.

Ich esse nicht gern Milchreis, Fisch, Kohlrabi oder Spinat.

Seite 101:

Aufgabe 1:

Im Zoo sah ich turnende Meerkatzen, einen gähnenden Löwen, umhertollende Affen, stolze Giraffen, kreischende Papageien, einen Eisbären und manche andere Tiere.

Aufgabe 2:

Im Safaripark kann man frei umherlaufende Nashörner, tobende Schimpansen, umhertollende Paviane, ein ganzes Rudel Löwen und noch viele andere Tiere sehen. Manche Affen kommen an die Autos heran, schauen in die Fenster, springen auf die Kühlerhauben, lecken an den Scheibenwischern oder drehen sogar daran. Auf einem Parkplatz kann man geduldige Esel, kleine Hängebauchschweine, meckernde Zwergziegen und auch Wildschafe füttern.

Aufgabe 3:

In einem Jeep kommt man durch einen Urwald, durch Wassergräben, über wacklige Brücken, durch dunkle Tunnel, vorbei an gefährlichen Krokodilteichen. Man kommt vorbei an einer spuckenden Riesenschlange, einem brüllenden Löwen, einem spritzenden Elefanten, einem umkrachenden Baum und sogar an schreienden Menschen.

Alles ist natürlich aus Plastik, aus Holz, aus Zement oder aus Ton. Trotzdem, die Menschen schreien laut, gruseln sich, lachen laut, ängstigen sich ein bisschen, sind aufgeregt und finden es spannend.

Seite 102:

Aufgabe 1 und 3:

Ich habe heute Morgen verschlafen, weil ich den Wecker nicht gehört habe.

Das passiert mir eigentlich nur, wenn ich zu spät ins Bett gegangen bin.

Heute aber ist es passiert, obwohl ich schon früh eingeschlafen bin.

Also musste ich mich beeilen, wenn ich den Schulbus noch kriegen wollte.

Ich war mir aber nicht sicher, ob ich ihn noch erreichen würde.

Doch er fuhr gerade ab, sodass ich ihn nur noch von hinten sah.

Aufgabe 2:

Ich musste also wieder nach Hause gehen, damit ich mein Fahrrad holen konnte. Das dauerte alles ziemlich lange, weil ich es erst noch aufpumpen musste. Jedenfalls fuhr ich dann wie ein Wilder los, sodass ich gerade noch rechtzeitig zur ersten Stunde kam.

Seite 103:

Aufgabe 1:

die Fische, die Pferde, die Löwen, die Tauben, die Zebras, die Ponys, die Rinder, die Affenkinder

Aufgabe 2:

Fächer, Dächer, Schwämme, Kämme, Röcke, Stöcke, Räume, Träume, Häute, Bräute, Flüge, Züge, Gerüche, Sprüche

Seite 104:

Aufgabe 1:

Im Garten steht ein Baum. Ein Vogel fliegt auf **den** Baum hinauf. Er sitzt auf **einem** Ast **des** Baumes. Dann fliegt er auf **einen anderen** Ast. Und dann verschwindet er in **den** Zweigen **des** Baumes – und ist nicht mehr zu sehen.

Aufgabe 2:

Auf **dem** Sportplatz haben wir trainiert. Wir spielten uns **den** Ball gegenseitig zu. Pitt kann man schon für **einen** richtigen Ballkünstler ansehen. Erst köpfte er **den** Ball in die Höhe, dann nahm er **den** Ball mit dem Fuß auf. Er hob ihn über **den** Rücken, machte mit **dem** Körper eine kurze Drehung, fing ihn mit **dem** Fuß wieder auf und schoss ihn mit einer kurzen Bewegung **des Fußes** in Richtung **des Tores**. **Dem** Torwart ist es eben noch gelungen, **den** Ball zu halten. Aber er musste sich dabei ordentlich in **den** Winkel **des Kastens** strecken.

Seite 105:

Aufgabe 1:

männlich (der): Appetit, Ärger, Hunger, Oktober

weiblich (die): Ampel, Angst, Arbeit, Zeit

sächlich (das): Abenteuer, Album, Gesicht, Leben

Aufgabe 2:

männlich: der Feigling, der Frühling,
der Gänserich;
weitere mögliche Beispiele: der Liebling,
der Schwächling, der Enterich

weiblich: die Feigheit, die Freundin,
die Wohnung;
weitere mögliche Beispiele: die Klugheit,
die Schönheit, die Detektivin, die Artistin,
die Ehrung, die Erkrankung

sächlich: das Radieschen, das Ringlein,
das Schweinchen;
weitere mögliche Beispiele: das Gänseblümchen,
das Vöglein, das Kätzchen

Seite 106:

Aufgabe 1:

Anna lernt ein Gedicht. Jetzt kann **sie es** schon
fast auswendig. Morgen wird **sie es** den anderen
Kindern vortragen. Dann werden **sie** wahrscheinlich
klatschen. Und die Lehrerin wird sich freuen, weil
sie es auch gut findet. **Sie** wird Anna für den schönen Vortrag loben.

Aufgabe 2:

Mia hat einen Bumerang bekommen. Jetzt will **sie**
ihn ausprobieren. **Sie** geht mit Ali auf die Wiese,
um den Bumerang fliegen zu lassen. **Sie** schleudert
ihn in die Höhe. Doch **er** kommt nicht zu **ihr** zurück.
Bei Ali klappt es besser. **Er** wirft **ihn** ganz hoch.
Und tatsächlich, **er** kommt zu **ihm** zurück. Ali hebt
den Bumerang auf und gibt **ihn** Mia. **Sie** schafft es
nun auch, den Bumerang so zu schleudern, dass **er**
zurückkommt.

Seite 107:

Aufgabe 1:

greifen, griff, gegriffen

riechen, roch, gerochen

reißen, riss, gerissen

reiten, ritt, geritten

trinken, trank, getrunken

Aufgabe 2:

Der Torwart hat neben den Ball **gegriffen**,
er wurde vom Publikum **ausgepfiffen**.
Er hat sich die Mütze vom Kopf **gerissen**
und sich vor Wut in die Hand **gebissen**.

Seite 108:

Aufgabe 1:

abbricht, sticht, isst, frisst, läuft, säuft, sieht,
geschieht

Aufgabe 2:

Alina **trifft** Jakob. Sie **spricht** mit ihm. Doch Jakob
will ihr nicht zuhören. Das **bringt** sie in Wut. Sie
sieht ihn böse an. Dann **wirft** sie ihm ihre Kappe
ins Gesicht. Jakob **bricht** in ein Lachen aus. Dann
läuft er weg. Alina **fällt** noch ein Schimpfwort ein.
Jakob **gibt** keine Antwort.

Seite 109:

Aufgabe 1:

fuhr, wollten, rollten, musste, hielten, stöhnte,
schimpfte, ging, kam

Aufgabe 2:

haben … gebadet, ist … gegangen,
sind … geraten und … angekommen,
haben … gegrillt, hat … geschmeckt

Seite 110:

Aufgabe 1:

Gesucht wird ein **elfjähriger** Junge mit Namen
Tobias. Er hat **blonde** Haare und **braune** Augen. Er
trägt ein **weißes** T-Shirt und **blaue** Jeans. Wichtige
Kennzeichen sind die **runde** Brille und die **gelben**
Schuhe.

Aufgabe 2 (mögliche Lösung):

Gesucht wird ein **großes** Mädchen mit Namen Pau-
line. Sie hat **goldblonde** Haare und **grüne** Augen.
Sie trägt einen **gemusterten** Pulli und **graue**
Jeans. Wichtige Kennzeichen sind die **glitzernden**
Ohrringe und die **glänzenden** Schuhe.

Aufgabe 3:

Der Braunbär ist **größer als** der Schwarzbär.
Der Grizzlybär ist ungefähr so **groß wie** der Braun-
bär.
Der Eisbär ist von allen Bären **am größten**.

Seite 111:

Aufgabe 1:

Lara fährt mit dem Rad auf **den** Hof drauf. Dann
fährt sie auf **dem** Hof herum.
Der Dackel springt auf **den** Sessel. Jetzt sitzt er auf
dem Sessel.
Der Vogel fliegt auf **einen** Baum. Nun sitzt er auf
dem Baum und singt.
Marie hängt ihre Jacke an **den** Haken. Jetzt hängt
sie an **dem** Haken.
Pitt stellt die Tassen auf **den** Tisch. Die Tassen
stehen nun auf **dem** Tisch.

Aufgabe 2:
Der Kater setzt sich auf den weichen Sessel. Nun sitzt er in dem weichen Sessel.
Die Amsel fliegt auf einen hohen Baum. Nun sitzt sie oben auf dem hohen Baum.
Paula gießt Milch in ihren gelben Becher. Nun ist die Milch in ihrem gelben Becher drin.
Hanno schaut auf seinen neuen Computer. Nun schreibt er auf seinem neuen Computer.

Seite 112:
Aufgabe 1:
Laura muss den Text noch einmal abschreiben, weil sie sich ständig verschrieben hat.
Du kannst ruhig zugeben, dass du ihm nichts abgegeben hast.
Von dem Dach sind viele Ziegel runtergefallen, das Haus sieht ziemlich verfallen aus.
Aufgabe 2:
Frühling, Liebling, Feigling, Wahrheit, Schönheit, Gesundheit, Tapferkeit, Wichtigkeit, Aufmerksamkeit
Aufgabe 3:
Die Mannschaft hat mit großer Tapferkeit die Gegentore verkraftet. Danach hat sie sich die Bälle gut zugespielt und am Ende den Gegner überwunden.

Seite 113:
Aufgabe 1:
sagen: brüllen, flüstern, reden, mitteilen, schreien, sprechen
sehen: anschauen, beobachten, besichtigen, blicken, gucken, erkennen
gehen: bummeln, flitzen, weggehen, laufen, rennen, spazieren
Aufgabe 2:
Morgen gehen wir wieder einmal in den Zoo. Da kann ich die Meerkatzen beobachten, die immer in ihrem Käfig herumflitzen und manchmal vor Vergnügen laut schreien. Natürlich werde ich mir auch noch einmal genau die Giraffen anschauen, die immer so stolz durch ihr Gehege spazieren.

Seite 114:
Aufgabe 1:
Sie / liest besonders gern Pferdebücher.
Besonders gern / liest sie Pferdebücher.
Pferdebücher / liest sie besonders gern.
Liest / sie Pferdebücher besonders gern?

Aufgabe 2:
Kürzlich habe ich einen Computer bekommen.
Damit kann ich schon schreiben.
Natürlich muss ich noch etwas üben.
Manchmal mache ich nämlich noch Fehler.

Seite 115:
Aufgabe 1:
Letzte Woche ist Janina etwas Dummes passiert.
Sie wartete **auf dem Schulhof** auf ihre Freundin.
Plötzlich wurde sie **dort** von einem Jungen angerempelt.
Und **im nächsten Augenblick** lag ihre Schultasche **auf dem Boden**.
Ihre Schulsachen hatten sich **über dem halben Schulhof** verteilt.
Zum Glück kam **gleich danach** ihre Freundin Julia.
Gemeinsam sammelten sie alles **sofort** wieder ein.
Und der Junge stand lachend **daneben**.
In dem Moment dachte sie: Jungen sind **manchmal** richtig doof!
Aufgabe 2:
In Celle bin ich geboren.
Dort fühlte ich mich sehr wohl.
Letztes Jahr aber bin ich mit meinen Eltern nach Hannover gezogen.
Dort besuche ich jetzt die Gesamtschule. /
Jetzt besuche ich dort die Gesamtschule.

Seite 116:
Aufgabe 1–2:
Verena hat sich gestern erkältet.
Jetzt liegt sie im Bett.
Sie langweilt sich in ihrem Zimmer.
Sie denkt gerade: Kommt bald jemand?
Plötzlich klopft einer an der Tür.
Ihr Freund Elias steht draußen.
Schon ist er drinnen!
Da freut sich Verena.
Sie setzt sich in ihrem Bett auf.

Seite 117:
Aufgabe 1–3:
Das Publikum applaudiert dem Torschützen.
Niklas steht seinem Freund bei.
Die Maus entkommt dem Kater.
Die Schwester hilft ihrem kleinen Bruder.
Paolo gewinnt den ersten Preis.
Der Detektiv verdächtigt den Täter.
Der Läufer übergibt den Staffelstab.
Die Lehrerin lobt den Schüler.

Aufgabe 4:
Der Vater schenkt **seinem** Sohn **einen** Handwerks-
kasten. Die Lehrerin leiht **dem** Schüler **einen** Stift.
Die Mutter gibt **ihrem** Sohn **einen** Geldschein mit.

Hinweis: Für die Lösungen zu den Seiten 112–115
wurde das Schülerwörterbuch **Unser Wortschatz**
(Westermann Verlag, Braunschweig 2011,
© 2006 Bildungshaus Schulbuchverlage) genutzt.

Seite 118:
Aufgabe 1:
Macho, Haar, Tabak, Jacht, Mütze, Zylinder,
Qualle, Yeti, Jaguar, Videofilm
Aufgabe 2:
Gespenst (Seite 109), Kiosk (Seite 144),
Frühstück (Seite 98), Olympiade (Seite 198),
Vormittag (Seite 337), Schienbein (Seite 248),
Korridor (Seite 154), Makkaroni (Seite 173)
Aufgabe 3:
der Äquator, die Ärmel, anständig, verderben,
Scherben, Konfekt

Seite 119–120:
Aufgabe 1:
Fehlende Buchstaben: B, E, G, J, L, N, Q, S, T, W, Y.
Aufgabe 3:
Baby
Aufgabe 4:
Hai (Seite 118), Karpfen (Seite 140),
Forelle (Seite 95), Makrele (Seite 173),
Scholle (Seite 258), Hering (Seite 123)
Aufgabe 5 (mögliche Lösung):
Hecht (Seite 121), Schwertfisch (Seite 264)
weitere Fischarten: Wels, Flunder, Clownfisch
Achtung: Delfine und Wale sind keine Fische,
sondern Säugetiere.
Aufgabe 6:
Fabel, Label, na, Tabak, machen, Saal, da, Oase
Aufgabe 7:
Es ist immer ein a.
Aufgabe 8:
Obacht, **Och**se, **Od**yssee, **Of**en, **Ohn**macht,
Ökologie, **Öl**, **Om**a, **Op**a, **Or**akel, **Ös**e, **Ot**ter, **Ou**tfit,
Overall, **Ox**id, **Oz**ean

Seite 121:
Aufgabe 1:
Geist (Seite 104), Umhang (Seite 314),
Maske (Seite 175), unheimlich (Seite 318),
spuken (Seite 280), Nacht (Seite 189),
leise (Seite 165), verkleiden (Seite 328)

Aufgabe 2:
Verkleidung → verkleiden (Seite 328)
gruselig → gruseln (Seite 116)
schrecklich → Schreck (Seite 259)
geheimnisvoll → geheim (Seite 103)

Seite 122:
Aufgabe 1:
der Ärger, äußern, der Fakir, das Chaos, die Fliese,
die Karawane, der Grieß, die Weisheit
Aufgabe 2:
die Stelzen, die Strähne, der Flamingo,
der Verband, streuen, das Euter, beißen, der Pass,
die Kamera, das Chamäleon

Seite 123–124:
Aufgabe 1:
In folgender Reihenfolge müssen die Lernwörter in
den Lückentext eingesetzt werden:
schwierige, rechnen, anstrengend, endlich, Klingel,
Ende, Nachmittag, Verein, Turnier, rempelte, Karte,
Freistoß, gewann, Medaille
Aufgabe 2:
1) anstrengend, 2) Ende, 3) Freistoß, 4) gewinnen,
5) Karte, 6) Klingel, 7) Medaille, 8) Nachmittag,
9) rechnen, 10) schwierig, 11) Turnier, 12) Verein
Aufgabe 3:
4: Ende
5: Karte
6: Verein
7: Klingel, rechnen, Turnier
8: Freistoß, gewinnen, Medaille
9: anstrengend, Nachmittag, schwierig
Aufgabe 4:
Rechnung: rechnen; endlich: Ende;
nachmittags: Nachmittag; klingeln: Klingel;
Schwierigkeit: schwierig; vereint: Verein

Seite 125–126:
Aufgabe 1:
Essen, Trinken: Makkaroni, Kakao, Spaghetti,
Pudding
Sport: Volleyball, Tennis, Basketball, Hockey
Musik: Keyboard, Klavier, Gitarre, Orchester
Aufgabe 2:
Sportarten mit Schläger: Tennis, Hockey
verschiedene Nudelsorten: Makkaroni, Spaghetti
gemeinsam musizierende Menschen: Orchester
Nachtisch: Pudding
Musikinstrumente mit Tasten: Keyboard, Klavier
Ball muss in den Korb: Basketball
Musikinstrument mit sechs Saiten: Gitarre
Getränk mit Milch: Kakao

Aufgabe 3:
Mak-ka-ro-ni, Vol-ley-ball, Pud-ding, Bas-ket-ball,
Spa-ghet-ti, Gi-tar-re, Kla-vier, Ka-kao, Or-ches-ter

Aufgabe 4:
Papier – Klavier,
Donnerknall – Volleyball / Basketball,
Konfetti – Spaghetti,
Regenfall – Basketball / Volleyball,
Schwester – Orchester,
Karre – Gitarre

Aufgabe 5:
Basketball, Gitarre, Hockey, Kakao, Keyboard,
Klavier, Makkaroni, Orchester, Pudding, Spaghetti,
Tennis, Volleyball

Aufgabe 6:
Makkaroni, Volleyball, Tennis, Gitarre, Spaghetti,
Pudding, Basketball

Seite 127:
Aufgabe 2:
In folgender Reihenfolge sollten die Zwischenüber-
schriften über die Absätze geschrieben werden:
Haltung und Pflege
Geselligkeit
Auslauf
Futter (eigene Überschrift)

Er _____ seine Tante nicht.   **mochte – kochte**

Und noch weniger mochte er seine beiden Vettern.

Zwillinge. Nicht mal ihre Eltern konnten sie

_____.   **auseinanderhalten – aushalten**

Sie waren drei Wochen jünger und einen ganzen

Kopf größer als er. Besorgt _____ er   **sah – sprach**

zum Himmel. Dort zogen sich dunkle Wolken

zusammen. Die Ränder waren golden und

_____ von der untergehenden   **schwarz – rot**

Sonne. In der Ferne war schon ein leises

_____ zu hören. Aber   **Grollen – Brutzeln**

Arthur beschloss, nicht auf der Stelle zum

_____ zurückzurennen. Obwohl er   **Kino – Haus**

Angst vor Gewittern hatte.

_____ Angst sogar.   **Schöne – Scheußliche**

(Cornelia Funke)

2 Jetzt lies den Text noch einmal.
Schreibe nun in jede Lücke das passende Wort hinein.

→ Einen Text ergänzen und mit verteilten Rollen lesen

1 Lies das kleine Gespräch aufmerksam.

Fernsehabend

Kind (_____): „Vater, Mutter, hallo!"

Eltern (_____): „Psst!"

Kind (_____): „Ich bin …"

Eltern (_____): „Später!"

Kind (_____): „Also, ich wollte nur …"

Eltern (_____): „Ruhe!"

Kind (_____): „Dann geh ich …"

Eltern (_____): „Momentchen.
Gleich haben sie den Mörder.
So, was wolltest du sagen, mein Kind?"
Jetzt ist das Kind wieder weg.

Eltern (_____): „Nie kann man in Ruhe reden mit ihm."

(Hans Manz)

2 Lies den Text leise.
Achte dabei auf die Person, die spricht.

3 Die folgenden Wörter kannst du an den richtigen Stellen im Text
einsetzen. Sie geben dir Hinweise, **wie** du die Sätze lesen kannst.
Probiere es aus.

freundlich	fröhlich	schüchtern
gleichgültig	laut	eingeschnappt
unfreundlich	enttäuscht	bestimmend

4 Jetzt könnt ihr den Text mit verteilten Rollen lesen.
Suche dir Partner.

→ **Einem Sachtext Informationen entnehmen**

1 In diesem Text erfährst du etwas über Krokodile.
Was weißt du schon über Krokodile?

_____

_____

2 Gehe jetzt Absatz für Absatz mit den Augen im Text spazieren.
Schau dir auch die Bilder an.

Krokodile

|||||||||||||||||||||||||||||||||||||||||||||||||||||||||||||||||||||||||

Herkunft

Krokodile lebten schon in der **Urzeit** vor 200 Millionen Jahren. Damals gab es auch **Dinosaurier**. Die sind ausgestorben, aber Krokodile gibt es noch. Sie leben in **Amerika, Asien, Afrika** und **Australien**. In Europa kann man Krokodile nur im **Zoo** bewundern. Überall auf der Welt sind Menschen von Krokodilen beeindruckt.

Ein beeindruckendes Tier

Überlebenskünstler

Krokodile halten es **Wochen oder Monate** ohne Nahrung aus. Mit Hunger kommen sie gut zurecht. Sie brauchen **wenig Energie**[1], weil ihr Blut nicht gewärmt werden muss. Sie sind so **warm** oder **kalt** wie ihre **Umgebung**. Solange es nicht kälter als 15 Grad Celsius[2] wird, ist für Krokodile die Welt in Ordnung. Auch Hitze stört sie nicht.

Krokodile können Wochen oder Monate ohne Nahrung auskommen.

Schnelle Jäger

Krokodile sind schnelle Jäger. Sie können sehr gut **sehen** und **riechen**. Bei der Jagd liegen sie ruhig im Wasser und **lauern** auf Fische, Wasservögel oder Säugetiere[3]. Dabei kann man sie fast gar nicht sehen. Nur der Rücken und die Nasenlöcher gucken ein wenig heraus. Wenn **Beute** vor ihrer Nase auftaucht, können Krokodile **blitzschnell** aus dem Wasser kommen und zuschnappen. Da sie keine Zunge haben und mit ihrem Kiefer auch **nicht richtig abbeißen** können, schlucken sie die Nahrung ganz herunter oder reißen die Beute in Stücke.

Selten Gefahr für den Menschen

Es gibt nur **wenige Arten**, die für den Menschen **gefährlich** sind. Dazu zählen vor allem das in Afrika lebende **Nilkrokodil** und das australische **Leistenkrokodil**. Leistenkrokodile können fünf bis sechs Meter lang werden. Normalerweise meiden Krokodile die Nähe des Menschen und greifen nur an, wenn sie sich bedroht fühlen.

Mächtige Reiß- oder Fangzähne

[1] Energie = Kraft, die man zum Leben braucht
[2] Grad Celsius = Temperaturangabe auf einem Thermometer
[3] Säugetiere = Tiere, die ihre Babys mit Milch säugen

3 Lies dir den ganzen Text nun in Ruhe durch.

4 Schreibe auf, was dir nach dem Lesen in Erinnerung geblieben ist:

Besonders gut gefallen hat mir _____

_____

Das finde ich interessant: _____

_____

5 Gibt es Stellen, die du nicht verstehst?
Schau, ob dir die Fußnoten weiterhelfen.

6 Unbekannte Wörter kannst du auch nachschlagen.
Vielleicht kann dir dabei ein Tischnachbar oder eine andere Person helfen.

7 Schreibe drei wichtige Informationen aus jedem Absatz auf.

Herkunft

· Krokodile gibt es schon seit 200 Millionen Jahren.

·

·

Überlebenskünstler

·

·

·

Schnelle Jäger

·

·

·

Selten Gefahr für Menschen

·

·

·

→ Informationen entnehmen – Zwischenüberschriften einfügen

1 In diesem Text findest du viele Informationen über Haie.
Was weißt du selbst schon über Haie?

_____

_____

2 Gehe jetzt Absatz für Absatz mit den Augen im Text spazieren.
Schau dir auch die Bilder an.

Haie

Es gibt über **500 Haiarten**, die in allen Weltmeeren zu Hause sind.
Haie faszinieren Menschen durch ihre Kraft und Gefährlichkeit.
Sie gelten als Killer und Menschenfresser.

Überschrift:

_____

In Wirklichkeit sind Haie **nicht so gefährlich** wie ihr Ruf. Die meisten Haie fressen Fische oder Plankton. Plankton sind kleine Lebewesen, die im Wasser leben. Auf der Welt gibt es pro Jahr nur 100 Haiangriffe. Die Angriffe erfolgen meist von Haiarten wie dem Tigerhai, dem Bullenhai und dem Weißspitzen-Hochseehai. Die meisten Angriffe geschehen im Pazifik.

Der graue Riffhai ernährt sich von Fischen und Krebsen.

Überschrift:

_____

Haie greifen den Menschen in erster Linie an, wenn sie ihn mit **Nahrung verwechseln**. Surfer sehen auf ihren Surfbrettern für Haie aus wie Robben. Diese stehen auf ihrem Speiseplan. Oft schwimmen Menschen zu sehr in die Nähe von Haien. Die fühlen sich dann **belästigt** und wollen die Menschen durch Bisse vertreiben. Da Haie sehr neugierig sein können, schwimmen sie gelegentlich in Menschennähe. Sie machen einen Probebiss, um zu schmecken, mit wem sie es zu tun haben. Oder sie wollen ihn zur näheren Betrachtung festhalten. Hierbei tragen Menschen meist nur leichte Verletzungen davon.

Der Tigerhai wird selten gefährlich für Menschen.

Überschrift:

_____

Auch Haie haben Feinde. Ihr größter **Feind** ist der **Mensch**. Durch das Überfischen[1] der Meere kommt es immer wieder dazu, dass Haie mit in den Netzen der Fischer landen. Man nennt die Haie dann **Beifang**[2]. Die gefangenen Haie werden getötet, weil nur die Fische gebraucht werden. Das Töten von Haien wird von vielen Menschen auch als Sport gesehen. 70 Haiarten sind weltweit vom Aussterben bedroht.

Hai als Beifang im Fischernetz

_____

[1] Überfischen = zu viel fischen
[2] Beifang = Tiere im Netz, die man nicht fangen wollte

3 Lies dir den ganzen Text nun in Ruhe durch.

4 Schreibe auf, welche Informationen für dich nach dem Lesen neu sind.

Das ist neu für mich: _____

_____

_____

_____

5 Gibt es Stellen, die du nicht verstehst?
Lies nach, ob dir die Fußnoten weiterhelfen.

6 Unbekannte Wörter kannst du auch nachschlagen.
Vielleicht kann dir ein Tischnachbar oder eine andere Person helfen.

7 Finde für den zweiten, dritten und vierten Abschnitt des Textes eine
passende Überschrift. Schreibe diese Überschriften auf die leeren Linien.

8 Schreibe deine drei Überschriften hier noch einmal auf.
Füge dann drei wichtige Informationen aus jedem Abschnitt hinzu.

Überschrift: _____

. _____

. _____

. _____

Überschrift: _____

. _____

. _____

. _____

Überschrift: _____

. _____

. _____

. _____

→ **Merkmale einer Filmkritik erkennen**

1 Hier findest du eine Filmkritik zum Film
„Ein Schweinchen namens Babe".
Lies dir diese Filmkritik in Ruhe durch.

Ein Schweinchen namens Babe

Merkmale einer Filmkritik

Einleitung
Ich finde den Film „Ein Schweinchen namens Babe" toll.   → **Titel**
Er ist von 1995.   → **Erscheinung** (wann?)
Der Spielfilm lief auch schon im Kino und dauert   → **Art des Films** (Film oder Serie)
90 Minuten.   → **Filmlänge**

Mittelteil
In dem Film geht es um ein kleines Ferkel, das Babe   → **Worum geht es?**
heißt. Es lebt auf einer Farm.   → **Wo spielt der Film?**
Der Farmer heißt Hogget. Babe wird von einer Hündin   → **Wer spielt mit?**
namens Fly großgezogen. Seine Eltern sind tot.
Babe verhält sich eher wie ein Hund. Es hütet Schafe,   → **Was passiert?**
vertreibt Schafdiebe und will unbedingt ein Hüteschwein
werden. Die Schafe mögen Babe, weil Babe freundlich
zu ihnen ist. Sie hören gern auf Babe, und Hogget ist
begeistert. Er meldet Babe sogar zu einem Wettbewerb
für Hütehunde an. Aber leider fliegt die Sache auf. Irgendwann darf Babe doch starten und gewinnt tatsächlich.

Schlussteil
Ich kann den Film empfehlen, weil die Geschichte   → **Warum sollte man den Film**
spannend ist. Babe ist ein tolles, richtig nettes Ferkel.   **sehen?**
Und es glaubt an sich. Das hat mich beeindruckt.
Mir gefällt besonders die Szene, als Babe den Wett-   → **Was ist besonders gut?**
bewerb gewinnt und das Ziel erreicht.

2 Am rechten Rand siehst du,
welche Merkmale in der Filmkritik vorkommen.
Schau dir diese Merkmale an.

3 Unterstreiche nun die Stellen in der Filmkritik,
in denen die Merkmale genannt werden.
Ein Beispiel ist in der Einleitung schon vorgemacht.

→ Eine Filmkritik ordnen

1 Hier findest du die Abschnitte einer Filmkritik über die
Zeichentrickfilmserie „Ducktales – Neues aus Entenhausen".
Lies dir die Abschnitte durch.

○ Sie dauert 30 Minuten pro Folge.

○ Die Serie läuft jeden Tag um 18:25 Uhr auf RTL II.

○ „Ducktales" ist eine Zeichentrickserie. Walt Disney ist der Erfinder der Zeichentrickfiguren.

○ Die erste Staffel der Serie lief 1987–1988 in den USA.

① Ich möchte meine Lieblingsserie „Ducktales" vorstellen.

○ Weitere Personen sind der Bruchpilot Quak und Daniel Düsentrieb. Sie wollen Onkel Dagobert und den Neffen helfen.

○ Die Hauptfiguren sind Onkel Dagobert und seine Neffen Tick, Trick und Track.

○ Es macht besonders viel Spaß, die Verfolgungs-jagden anzusehen.

○ Onkel Dagobert und seine Neffen müssen in jeder Folge spannende Abenteuer bestehen. Dabei passieren viele witzige Pannen.

○ „Ducktales" sollte man unbedingt sehen, weil es immer viel Action gibt. Die Serie ist spannend und lustig zugleich.

A Einleitung	**B Mittelteil**	**C Schluss**
1. Titel 2. Erscheinung (von wann?) 3. Art des Films (Comic, Spielfilm, Serie im Fernsehen, Kinofilm) 4. Sendezeit 5. Filmlänge	1. Wer sind die Hauptfiguren? 2. Wer spielt außerdem noch mit? 3. Worum geht es in der Serie?	1. Warum sollte man die Serie sehen? 2. Was ist besonders gut?

2 Bringe jetzt die einzelnen Abschnitte für die **Einleitung**,
den **Mittelteil** und den **Schluss** in die richtige Reihenfolge.
Ordne den Abschnitten die richtigen Ziffern zu.

3 Schreibe die Filmkritik nun vollständig auf.
Prüfe zum Schluss, ob du alle Abschnitte
richtig zugeordnet hast.

_____

_____

_____

_____

_____

_____

_____

_____

_____

_____

_____

_____

_____

_____

_____

_____

_____

_____

→ Eine Filmkritik vervollständigen

1 Hier findest du eine Filmkritik zu der Serie „Die Pfefferkörner".
Diese Filmkritik kannst du selbst vervollständigen.
Links findest du die Wörter, die in den Text gehören.
Starte mit der Einleitung.

A Einleitung

Die Pfefferkörner

1. Titel
Die Pfefferkörner

→ „_____ "

2. Art des Films (Comic,
Spielfilm, Serie im Fernsehen,
Kinofilm) Abenteuerserie für
Kinder

→ ist eine beliebte deutsche _____

_____

3. Erscheinung, von wann?
seit 2002

→ Die Serie läuft _____

4. Sendezeit
samstagmorgens um 8:30 Uhr

→ Man kann sie _____

_____

_____ sehen.

5. Filmlänge
30 Minuten

→ Jede Folge der Serie ist _____

_____ lang.

2 Lies dir die Einleitung noch einmal durch.
Achte darauf, ob du an alles gedacht hast.

3 Versuche nun, den Mittelteil zu schreiben.

B Mittelteil

6. Worum geht es?
fünf Detektive, die Kriminalfälle lösen

→ In der Serie geht es um _____

_____

_____

7. Wer spielt mit?
Staffel 6:
Yeliz, Laurenz, Lilly, Karol
und Marie

→ In der sechsten Staffel sind die Hauptpersonen

_____

_____

8. Wo spielt die Serie?
Speicherstadt in Hamburg

→ Die Freunde haben ihren Treffpunkt in der

_____

_____

9. Wer ermittelt?
die Pfefferkörner

→ Von dort aus ermitteln _____

_____

10. Was passiert?
lösen Kriminalfälle

→ und _____

_____

11. Welche Fälle lösen sie?
Schmuggel, Mobbing
im Internet

→ Es geht um _____

_____

oder Erpressung. In Folge 64 wird ein Junge namens
Gerald gemobbt. Er wird als Bettnässer bloßgestellt. Am
Anfang weiß keiner, wer das Video ins Internet gestellt
hat. Aber die Pfefferkörner finden es heraus.

4 Schreibe jetzt den Schlussteil.

C Schlussteil

**12. Was gefällt dir
besonders gut?**
spannend

→ Für mich ist die Serie

_____

**13. Warum sollte man die
Serie sehen?**
interessante Fälle

→ Die Serie muss man unbedingt sehen, weil

_____

gelöst werden und wichtige Themen wie

Mobbing →

_____ vorkommen.

→ **Einen Gegenstand beschreiben**

Fast alle Fußballvereine haben eins: ein Maskottchen (Glücksbringer).
Es soll dem Verein bei den Spielen viel Glück bringen.

1 Schau dir das Maskottchen „Erwin" genau an.
Ordne die Stichwörter richtig zu. Ziehe Linien.

hautfarbener und grauer Plüsch

tief ins Gesicht gezogene Mütze

übergroßer Kopf

Halstuch

dunkle Augen

offener Mund

rote Zunge

riesige Nase

Jeanshose

weiße Turnschuhe

Schuhe aus Kunstleder

Vereinstrikot in den Farben Blau und Weiß

2 Sieh dir den Lückentext an.
Beschreibe Erwin in einem zusammenhängenden Text.
Nutze dafür die Stichwörter aus dem Bild von Erwin.

„Erwin" – das Fußballmaskottchen

Ich beschreibe das Maskottchen von Schalke 04.

Es heißt Erwin und ist ein Fußballfan. Die Stofffigur ist etwa 30 cm groß.

Das Material ist _____

und _____.

Die Schuhe bestehen aus _____.

Bekleidet ist Erwin mit einem _____

_____ von Schalke 04. Dazu trägt er eine

_____ und ein _____.

An den Füßen trägt er _____.

Erwin hat einen _____ und eine _____.

Seine Mütze trägt er _____ ins _____ gezogen.

Darunter sind seine kleinen _____ zu sehen.

Ein besonderes Merkmal ist Erwins _____.

Sogar seine _____ ist zu sehen.

Das wirkt so, als würde Erwin immerzu lachen.

3 Kennst du noch andere Maskottchen von Fußballvereinen?
Schreibe sie auf.

_____

_____

→ Einen Gegenstand mit Hilfe einer Abbildung beschreiben

1 Betrachte den Tintenkiller und ordne die Fachwörter zu.

☐ Filz mit tintenfarbener Korrekturfarbe
☐ Filz mit Löschflüssigkeit
☐ blaue Verschlusskappe
☐ weiße Verschlusskappe

1. _____

2. _____

3. _____

4. _____

2 Vervollständige die Gegenstandsbeschreibung. Nutze dafür auch das Bild.

Woher kenne ich den Gegenstand?

Der Super _____ ist wohl einer der besten und beliebtesten   **Pirat – Hai**

Tintenkiller meiner Schule. Fast jeder hat ihn. Er ermöglicht das

_____ Aussehen von Schularbeiten.   **saubere – nette**

Wie sieht der Gegenstand aus?

Der Tintenkiller ist geformt wie eine _____. Er hat eine   **Röhre – Truhe**

Länge von etwa fünfzehn Zentimetern und einen Durchmesser

von etwa einem Zentimeter. Sein bruchstabiler Kunststoff leuch-

tet in den Farben Tintenblau und _____.   **Grün – Weiß**

Außerdem trägt er in der Mitte die gelb-rote Aufschrift

„Super Hai".

An beiden Seiten des Tintenkillers befindet sich eine Kappe:

eine blaue und eine weiße. Unter der weißen Kappe steckt die

Spitze, mit der Schreibfehler _____ werden.   unsichtbar – sichtbar

Und die Spitze unter der blauen Kappe enthält eine spezielle

_____, die über die „gekillerte" Stelle schreibt.   Flüssigkeit – Creme

Welche Besonderheiten hat der Gegenstand?

Der Tintenkiller trocknet _____ aus. Deshalb müssen   schnell – langsam

die Verschlusskappen immer benutzt werden. Außerdem kann

die weiße Killerspitze schnell _____ werden. Dann   schmutzig – sauber

lässt die Killerkraft nach.

Persönlicher Tipp:

Mit einem Tintenkiller kann man auch _____   offene – geheime

Botschaften schreiben. Dafür nimmt man nur die Stiftseite mit

der _____ Killerflüssigkeit. Mit dieser schreibt man Ge-   weißen – blauen

heimbotschaften auf. Diese Botschaften werden _____,   lesbar – grau

wenn man mit einem Pinsel großflächig Tinte über das Blatt

verteilt.

3 Lies die folgenden Aussagen über die Gegenstandsbeschreibung aufmerksam
und entscheide. Ist die Aussage richtig, setze ein **r** in das Kästchen.
Ist die Aussage falsch, setze ein **f** ein.

Am Anfang habe ich etwas über Aussehen und Material des Tintenkillers gesagt.
Dann habe ich die Einzelteile des Tintenkillers wild durcheinander beschrieben.
Am Schluss habe ich Besonderheiten des Tintenkillers beschrieben.
Ich habe Fachwörter und Adjektive verwendet.
Die Verben stehen meist im Perfekt.

→ **Eine Tierbeschreibung vervollständigen**

1 Nein, das Wesen, das dich hier mit seinen schlauen blauen Augen
anguckt, ist kein Alien. Es lebt unter uns und heißt Axolotl.
Lies dir den Info-Text durch.

Axolotl – „Wassermonster"

Familie: Querzahnmolche
Lebensort: Xochimilco-See
nahe Mexiko-Stadt

Größe: etwa 20–30 cm
Gewicht: bis 300 g
Körperbau: gedrungen, kräftiger
Ruderschwanz, flacher breiter Kopf,
weit auseinanderstehende Augen,
kurze stämmige Beine
Bewegung: nachtaktiv, schwimmt am
Gewässerboden
Ernährung: Kleinfische, Schnecken,
Krebse, Regenwürmer, Mückenlarven
Besondere Eigenschaften: kann
Körperteile, die er zum Beispiel durch
einen Biss verloren hat, wieder nach-
wachsen lassen

2 Beobachte genau: Wie sieht der Axolotl aus? Hilfe findest du im Info-Text.

Körper: _____

Kopf: _____

Farbe (Körper und Augen): _____

Besonders interessant am Axolotl finde ich, dass er _____

_____

_____

_____

_____

3 Setze in die Lücken passende Wörter ein. Nutze auch den Info-Text.

wachsen	bulligen	weit	Wassermonster
20 bis 30	300	kleine Bäume	Kleinkind
weiß	blauen	10 bis 15	

Tierbeschreibung: Ein Axolotl – was ist das denn?

Mein Onkel ist Tierforscher. Von seiner letzten Reise brachte er einen

Axolotl mit. Als ich das Tier zum ersten Mal sah, wusste ich nicht, was ich

sagen sollte. Es sah süß und gruselig zugleich aus. Dabei ist der Axolotl

ein interessantes und einmaliges Tier.

In unseren Ohren klingt der Name Axolotl sehr merkwürdig. Wörtlich

übersetzt bedeutet dieses mexikanische Wort „_____".

Und diese Übersetzung finde ich zutreffend.

Der Axolotl ist _____, hat einen _____ Körper, einen kräf-

tigen Schwanz und stämmige Beine. Er wird etwa _____ Zentimeter

lang und bis zu _____ Gramm schwer. Sein Kopf ist sehr breit und flach.

Die _____ Augen stehen _____ auseinander.

Am Hals sitzen rechts und links Kiemenanhänge, die wie _____

_____ aussehen und rot leuchten. Ganz kleine Kiemen

hat er auch auf der Stirn.

Das seltsame Aussehen des Axolotls hat einen besonderen Grund:

Er bleibt sein ganzes Leben lang eine Larve, sozusagen ein

_____. Aber nicht nur das macht den Axolotl einzigartig.

Er besitzt die besondere Fähigkeit, sich selbst zu erneuern. Abgetrennte

Gliedmaßen _____ bei ihm nach. Sogar Teile von Herz,

Hirn und Wirbelsäule erneuern sich nach Verletzungen von allein.

Axolotl werden normalerweise _____ Jahre alt, im Extremfall

bis zu 25 Jahre.

→ Einen Lieblingsplatz beschreiben

1 Lies dir den Text durch.

Mein Wunschlieblingsplatz

Ich habe leider keinen Lieblingsplatz. Wenn ich mir einen Lieblingsplatz

wünschen könnte, dann wäre er auf einem alten Schiff. Ich stelle mir das so vor:

Ich liege im Schiffsbauch in der Hängematte. Ich schaue aus dem _runden_

Bullauge auf das _____ Wasser im Hafen.

Manchmal kommt auch ein _____ Schiff vorbei,

mit dem die Leute einen Ausflug machen. Wenn ein Schiff dicht am Bullauge

vorbeifährt, klatschen die Wellen _____

an die Schiffswand. Mein _____ Kahn

fängt dann an zu schwanken und meine Hängematte schaukelt hin und her.

Manchmal sehe ich die _____ Maus _____

über den Boden huschen. Sie soll meine Schiffsmaus sein.

2 Schreibe die passenden Adjektive (Eigenschaftswörter) in die Lücken.
Für die letzten beiden Lücken kannst du dir selbst zwei Adjektive ausdenken.

modernes   schmutzige   alter   laut

3 Lies nun den zweiten Teil des Textes.
Hier fehlen die **Verben** (Tätigkeitswörter).

Meistens _____ ich in der Hängematte.

Ich _____ an dem Seil, das von der Decke hängt,

und _____ damit.

Dann _____ das Holz und das Wasser

_____ an die Schiffswand.

Manchmal _____ ich, dass ich mit dem Schiff

bis nach Dänemark segele. Aber das ist leider unmöglich,

denn das Schiff _____ nur im Hafen,

damit die Leute es _____ können.

Aber träumen darf man ja.

4 Schreibe die Verben in die passenden Lücken hinein.

liege   schwappt   träume   besichtigen
knarrt   ziehe   liegt   schaukele

5 Im letzten Teil der Geschichte fehlen **Nomen** (Hauptwörter),
Verben (Tätigkeitswörter) und **Adjektive** (Eigenschaftswörter).
Lies den Text zuerst einmal ganz.

Im Inneren des Schiffes ist es ziemlich _____.

Das kleine _____ spendet nur wenig _____.

Aber wenn man genau _____, kann man noch andere

Gegenstände _____. Rechts an der morschen Schiffswand

hängt noch ein alter _____.

Die _____ Farbe ist schon ziemlich abgebröckelt.

Auf einem verstaubten Regal steht ein _____.

Einzelheiten _____ ich von meiner

_____ aus nicht genau,

aber es ist ein Segelschiff. Ganz hinten im Bug liegt

der _____ Anker.

Darauf _____ manchmal die niedliche

_____ herum und hat anschließend

ganz braune _____ von dem losen Rost.

Der Anker wird wohl nicht mehr gebraucht, weil das _____

Schiff nicht fahrtüchtig ist.

Es kann nur noch von einer _____ Fahrt

auf den Weltmeeren _____.

6 Hier findest du ein Wörtermeer.
Fische die passenden Wörter heraus und schreibe sie in die Lücken.
Überprüfe anschließend, ob du die Nomen großgeschrieben hast.

hinschaut

dunkel Licht Bullauge rote entdecken

erkenne uralte verrostete

Rettungsring

träumen Hängematte

klettert Schiffsmaus Flaschenschiff Pfötchen

abenteuerlichen

→ **Die Beschreibung eines Lieblingsplatzes vervollständigen**

Der Wunschlieblingsplatz von Laura ist ein Dachboden, auf dem viele alte Gegenstände liegen. Sie denkt gerne darüber nach, was diese Dinge erlebt haben könnten.

1 Schau dir das Bild genau an und lies dann den Lückentext.

Auf unserem Dachboden liege ich gern auf der abgenutzten _____

und betrachte die alten Sachen. Mein Blick fällt zuerst auf die _____.

Sie könnte früher eine Schatztruhe gewesen sein, in der Piraten

_____ aufbewahrt haben. Der große _____

passt aber nicht in das verbogene Schloss. Die _____ hat vielleicht

in einer alten Burg gestanden, sie ist um ein Uhr stehen geblieben. Ob um diese Zeit

auch der _____ zerbrochen ist, weil die Burg angegriffen wurde?

Wem gehörte wohl der dicke _____ mit dem Loch im Arm?

Schade, dass er nicht reden kann. Wenn ich auf den _____ schaue,

bekomme ich Lust, in andere Länder zu reisen.

2 Vervollständige die Sätze mit Nomen (Hauptwörtern), die in die Lücken passen. Das Bild vom Dachboden gibt dir Hinweise. Achte darauf, dass du die Nomen großschreibst.

→ Einen Text überarbeiten

1 Lies dir diesen Text leise durch.

Unser Lieblingsplatz

Unser Lieblingsplatz ist in einem Hinterhof. _____

Vor unserer Flurtür ist eine Treppe, die führt in *gibt es* _____

diesen Hof. Unter der Treppe ist ein Hohlraum. _____

Früher habe ich mich manchmal mit meinem Freund _____

Joschi da versteckt. Wir treffen uns manchmal jetzt _____

noch dort. Wir bringen auch manchmal Sachen an _____

unseren Lieblingsplatz. Jetzt ist sogar ein alter _____

Teppich auf dem Fußboden. An der Wand ist die _____

Gardine und in der Mitte ist ein uralter Sessel, _____

ein Tisch mit einer Kerze steht auch dort. Manchmal _____

zünden wir die Kerze an. Und manchmal hören _____

wir auch Musik zusammen oder wir reden. _____

Dann ist keine Langeweile. _____

2 In diesem Text werden die beiden Wörter
ist und **manchmal** sehr oft wiederholt.
In den beiden Listen rechts findest du
Wörter, die genauer sagen, was gemeint
ist. Schreibe diese Wörter rechts
auf die Zeilen.

ist:	manchmal:
befindet sich	gelegentlich
hängt	ab und zu
liegt	dann und wann
steht	hin und wieder
haben wir	

3 Lies nun die veränderte Fassung des Textes laut.
Du kannst sie auch einem Partner vorlesen.

→ Eine Fantasiegeschichte erzählen

1 Stell dir vor, du streifst durch den Wald …
Plötzlich stehst du vor diesem „Höllenschlund".

2 Was **fühlst** du bei diesem Anblick?

Angst	Beklemmung
Neugier	Freude
Bewunderung	Panik
Abenteuerlust	

Suche dir ein Gefühl aus und beschreibe
es in einem vollständigen Satz.

Als ich den Höllenschlund erblicke, _____

_____

3 Wie **reagierst** du bei diesem Anblick?
Läufst du weg, bleibst du wie angewurzelt stehen, gehst du langsam auf den
Eingang zu, schreist du, pfeifst du, gehst du um das Riesengebilde herum?

Suche dir zwei Möglichkeiten aus und schreibe sie in vollständigen Sätzen auf.

Ich stehe plötzlich vor einem Höllenschlund _____

_____

_____

4 Was könnte sich im Inneren des Höllenschlundes befinden?
Lass deiner Fantasie freien Lauf und schreibe deine Einfälle auf.

_____

_____

_____

→ Eine Fantasiegeschichte vervollständigen

1 Vervollständige die folgende Fantasiegeschichte.
Du hast immer die Auswahl zwischen zwei Begriffen,
die du in die Lücken einsetzen kannst.

Im Höllenschlund

Es war an einem heißen Sommertag, als ich etwas

Unglaubliches erlebte. Ich streifte fröhlich durch den Wald.

Plötzlich entdeckte ich ein riesiges Loch hinter einer Stein-

treppe. Langsam ging ich näher. Eine teuflische Fratze

schaute mich an. Das Loch sah aus wie ein erschreckend

großes Maul, in das man eintreten konnte. Ganz mutig ging

ich ein paar Schritte hinein. Dort war es _____   **dunkel, feucht**

und _____ und es wirkte gespenstisch   **modrig, kalt**

auf mich. Ich war ganz _____.   **ängstlich, aufgeregt**

An der Wand sah ich einen _____   **Schatten, Lichtschein**

und bekam _____. Plötzlich   **nasse Hände, Herzklopfen**

hörte ich ein _____.   **lautes Knurren, Fauchen**

Es hörte sich schrecklich an, weil es in dem Höllenschlund

so laut hallte. Gelbe _____ kamen auf mich zu.   **Augen, Krallen**

Mit einem großen Sprung sah ich einen _____   **Hasen, Kater**

aus dem Höllenschlund davonrennen. Er hatte ebenso viel

Angst vor mir wie ich vor ihm. Der Höllenschlund war nichts

weiter als eine Höhle unter einem alten Baum.

→ **Eine Fantasiegeschichte zu einem Bild erzählen**

Paul Klee: Der Seefahrer. 1923. Kunstmuseum Basel. Sammlung Trix Duerst-Hass

Dieses Bild stammt von dem berühmten Maler Paul Klee.
Es heißt „Der Seefahrer".
Christina hat sich dazu eine Geschichte ausgedacht.

1 Lies dir die Geschichte zu dem Bild in Ruhe durch.

Ein merkwürdiges Erlebnis
Christina

An einem **schönen / frostigen** Sommerabend ging ich am Strand spazieren.
Der Wind strich mir **sanft / grob** durch die Haare. Draußen auf dem Meer
beobachtete ich ein **kleines / größeres** Boot, das **wild / gemütlich**
auf den Wellen schaukelte. Plötzlich wurde das Schiffchen
von drei **friedlichen / gefährlichen** Seeungeheuern angegriffen.
Der Mann auf dem Boot wehrte sich **ängstlich / tapfer**
und stach mit seiner **spitzen / stumpfen** Harpune zu.
Das **verletzte / zutrauliche** Monster brüllte vor Schmerz und Wut.
Blut tropfte aus seinem Maul. Der Kampf wurde immer **ruhiger / verzweifelter**
und das Wasser spritzte **turmhoch / prickelnd** auf.

42

2 Wähle für den ersten Teil der Geschichte eins von den beiden
Adjektiven (Eigenschaftswörtern) aus, das deiner Meinung
nach in den Text passt.
Unterstreiche das Adjektiv, das du ausgesucht hast.

3 Lies die Geschichte nun noch einmal laut
mit deinen ausgewählten Adjektiven.

4 Christina hat ihre Geschichte im **Präteritum** geschrieben.
Das ist die Vergangenheitsform, in der Geschichten erzählt werden.
Man erkennt sie an der Form der Verben.
Unterstreiche im zweiten Teil der Geschichte diese Verben.

> Vor lauter Angst schloss ich die Augen. Als ich sie
> wieder öffnete, war nichts mehr zu sehen.
> Der Seefahrer, das Schiff und die Ungeheuer waren
> weg. Das Wasser schimmerte friedlich in der unter-
> gehenden Sonne. Merkwürdig!
> War alles nur ein Traum? Beim Abendessen erzählte
> ich von dem Seefahrer und den drei Ungeheuern.
> Mein älterer Bruder lachte mich aus, aber meine Mutter
> bewunderte meine blühende Fantasie.

5 Du findest in der linken Spalte Sätze mit den Verben aus dem Text
im **Präteritum**. Schreibe in die rechte Spalte die Sätze
mit diesen Verben im **Präsens**.
Das Präsens ist die Zeitform, die beschreibt, was **gerade** passiert.

Präteritum (Vergangenheit)	Präsens (Gegenwart)
Ich schloss die Augen.	Ich schließe die Augen.
Ich öffnete sie wieder.	
Das Wasser schimmerte.	
War das alles nur ein Traum?	
Ich erzählte von dem Seefahrer.	
Mein Bruder lachte mich aus.	
Meine Mutter bewunderte mich.	

→ **Einen Text überarbeiten – auf Satzanfänge achten**

1 Lies die Geschichte aufmerksam.

Eine Wintergeschichte

1. Ich war <u>im letzten Winter</u> oft Schlittschuh laufen.
2. Es war besonders kalt <u>an einem Nachmittag</u>.
3. Ich trug <u>deshalb</u> eine Daunenjacke und eine Thermohose.
4. Ich hatte <u>sogar Ohrenschützer</u> aufgesetzt.
5. Ich begann <u>trotzdem</u> langsam zu frieren.
6. Es fing <u>dann</u> auch noch zu schneien an.
7. Ich stolperte <u>plötzlich</u> und fiel hin.
8. Ich hatte mir <u>dabei</u> wehgetan.
9. Ich wollte <u>jetzt</u> nach Hause ins Warme.
10. Ich lief, <u>so schnell ich konnte</u>, nach Hause.

2 Fast alle Satzanfänge hören sich gleich an.
Das klingt langweilig.
Schreibe die Geschichte neu auf.
Stelle dazu in jedem Satz die unterstrichenen Wörter
an den Anfang.

<u>Eine Wintergeschichte</u>

<u>Im letzten Winter war ich oft Schlittschuh laufen.</u>

<u>An einem Nachmittag war</u>

→ Einen Erzählbericht überarbeiten

1 Sven hat etwas Spannendes erlebt.
Darüber hat er einen Erzählbericht geschrieben.
Sein Bericht ist schon fast fertig. An wenigen
Stellen muss er noch überarbeitet werden.
Lies Svens Bericht aufmerksam durch.
Rechts steht, was du danach tun sollst.

U-Bahn-Fahren für Anfänger

Wir haben im Mai einen Ausflug mit der Klasse
nach Hamburg gemacht. Wir hatten leider
zwei Stunden Verspätung. Wir kamen endlich
um 10 Uhr in Hamburg am Hauptbahnhof an.

> Hier fangen alle Sätze mit demselben Wort an. Sorge für Abwechslung. Stelle die markierten Wörter an den Satzanfang und ändere die Sätze.

Im Mai haben wir einen Ausflug mit der Klasse nach Hamburg gemacht.

Dann stehen wir alle in der großen Bahnhofshalle
zusammen. Unsere Klassenlehrerin verteilt
die Karten für die U-Bahn. Jeder bekommt eine.
Mit einer Rolltreppe geht es unter die Erde.

> Sven hat aus Versehen die falsche Zeitform genommen. Setze die markierten Wörter in die Vergangenheit.

Dann standen wir alle in der großen Bahnhofshalle zusammen.

Wir standen alle auf dem Bahngleis zusammen.
Die Bahn bremste laut. Alle drängten in den Wagen.
„Beeilt euch!", hörte Sven noch Frau Rode rufen.
Er war ganz hinten in der Schlange.
Da schloss sich doch die Tür automatisch.
Alle waren drin, nur er war draußen!

Sven berichtet über sich
in der falschen Person.
Ersetze die markierten
Wörter. Schreibe die Sätze
in der Ich-Form auf.

_____

_____

_____

_____

2 Wie könnte Sven zurück
zu seiner Klasse finden?
Schreibe den Schluss auf.
Die Ideen rechts können dir helfen.

Hilfe durch freundliches Ehepaar:
→ **Gespräch mit U-Bahn-Personal**
→ **Anruf beim Fahrer der U-Bahn**
→ **Durchsage des Fahrers in der Bahn**
→ **Ausstieg der Klasse an nächster Station**
→ **Sven mit Ehepaar zur nächsten Station**

_____

_____

_____

_____

_____

_____

_____

_____

→ W-Fragen zu einem Zeitungstext beantworten

1 Lies den Text aufmerksam.

Mann bleibt in WC-Fenster stecken

Einer jungen Frau bot sich ein ungewöhnlicher Anblick in der Nacht zum Dienstag im saarländischen Saarlouis. Im Fenster eines öffentlichen Toilettenhäuschens steckte ein Mann fest und schrie um Hilfe, wie die Polizei mitteilte. Die Frau alarmierte Polizisten. Sie konnten den an der Hüfte eingeklemmten Mann mit Hilfe einer Leiter befreien. Der 29-Jährige gab an, die Toilette um kurz vor Mitternacht aufgesucht zu haben. Dort sei er eingeschlafen und erst zweieinhalb Stunden später aufgewacht. Dann habe er bemerkt, dass die Haupttür inzwischen von außen abgeschlossen worden war, und den Ausstieg durchs Fenster versucht.

2 Schreibe in wenigen Sätzen auf, worum es im Zeitungsartikel geht.

Mann blieb im Fenster stecken – Frau rief Polizei an – Polizisten halfen mit Leiter

_____

_____

3 Lies die Textabschnitte genau.
Beantworte die wichtigen W-Fragen.

Mann bleibt in WC-Fenster stecken

Einer jungen Frau bot sich ein ungewöhnlicher Anblick in der Nacht zum Dienstag im saarländischen Saarlouis. Im Fenster eines öffentlichen Toilettenhäuschens steckte ein Mann fest und schrie um Hilfe, wie die Polizei mitteilte.

Was ist geschehen?

_____

_____

_____

Wo ist es geschehen?

_____

Wann ist es geschehen?

_____

Wem ist etwas passiert?

_____

_____

Die Frau alar-
mierte Polizisten. Sie konnten den an der
Hüfte eingeklemmten Mann mit Hilfe einer

Leiter befreien. Der 29-Jährige gab an,
die Toilette um kurz vor Mitternacht aufgesucht zu haben. Dort sei er eingeschlafen und erst zweieinhalb Stunden später
aufgewacht. Dann habe er bemerkt, dass
die Haupttür inzwischen von außen abgeschlossen worden war, und den Ausstieg
durchs Fenster versucht.

Warum ist es geschehen?

_____

_____

Wer hat sich um eine Lösung bemüht?

_____

Wie ist das Ganze ausgegangen?

_____

_____

4 Die Frau ruft die Polizei unter 110 an. Vervollständige das Telefonat.
Lies den Zeitungsartikel dazu noch einmal aufmerksam.

Frau: „Guten Abend. Hier ist Frau Mustermann. Ich melde einen Notruf."

Polizist: „Guten Abend, Frau Mustermann. Wo ist es geschehen?"

Frau: „Auf der Hauptstraße in _____."

Polizist: „Was ist geschehen?"

Frau: „Ein Mann _____."

Polizist: „Wie viele Personen sind betroffen?"

Frau: „Es ist nur _____."

Polizist: „Welche Art der Verletzung liegt vor?"

Frau: „Der Mann _____."

Polizist: „Wir werden sofort losfahren. Bitte legen Sie jetzt auf und telefonieren Sie

nicht. Ich melde mich gleich wieder bei Ihnen."

→ **Eine Erzählung zu einer Bildergeschichte untersuchen**

1 Schau dir die Bildergeschichte genau an.
Überlege dir einen **Titel** und schreibe ihn auf.

_____

2 Schreibe zu jedem Bild einen Satz auf.
Die Wörter unter den Bildern können dir dabei helfen.

Lehrer / Nicki / Klassenarbeit

Der Lehrer gibt Nicki eine Klassenarbeit zurück.

viele Fehler / Vater muss unterschreiben

Augen verbinden / Namen blind schreiben

Vater / ausprobieren

Klassenarbeit hinhalten / heimlich

unterschriebene Klassenarbeit / Schultasche

3 Erkläre kurz den Trick, mit dem Nicki die Unterschrift seines Vaters bekommen hat.

Schreiben und Präsentieren

4 Hier findest du eine **Erzählung** zu dieser Bildergeschichte von e. o. plauen. Zu jedem Bild passt ein **Erzählteil**. Die Erzählteile sind aber durcheinandergeraten und müssen noch geordnet werden.

5 Lies die Erzählteile aufmerksam. Schreibe die Nummern der passenden Bilder in die Kästchen.

A Plötzlich hatte Nicki eine Idee. Zu Hause nahm er ein Blatt Papier und einen Füller. Dann verband er sich die Augen. Mit verbundenen Augen schrieb er seinen Namen mehrmals auf das Blatt. „Was machst du denn da?", fragte der Vater, als er ins Zimmer kam. „Ich schreibe meinen Namen mit verbundenen Augen", antwortete Nicki. „Das ist gar nicht so einfach! Versuch es doch selbst einmal!"

B Die <u>unterschriebene</u> Mathearbeit steckte Nicki dann schnell wieder in seine Schultasche. Zum Glück hatte Vater Edi nichts bemerkt. Er nahm sich die Augenbinde ab und sah sich die Unterschriften auf dem Blatt an. „Das ist wirklich ganz schön schwer mit den Unterschriften", sagte der Vater. Nicki antwortete zufrieden: „Stimmt, aber es hat ja doch noch geklappt."

C Er <u>nahm</u> nämlich vorsichtig sein Matheheft aus der Tasche. Dann schob er die Mathearbeit heimlich unter den Füller von Vater Edi. Ohne es zu merken, unterschrieb der Vater Nickis Arbeit.

D **1** Einmal bekam Nicki in der Schule eine Mathearbeit mit einer sehr schlechten Note zurück. „Die Arbeit lässt du von deinem Vater unterschreiben!", sagte sein Mathelehrer.

E Da ließ sich Vater Edi auch die Augen verbinden. Er legte sich auf den Boden und fing an, seinen Namen zu schreiben. „Komisch, wenn man nicht sieht, was man schreibt", murmelte er. Nicki ging leise zu seiner Schultasche. Und was er dann tat, war ganz schön clever.

F Nach der Schule ging Nicki wie ein Häufchen Elend nach Hause. Die ganze Zeit über dachte er an die schlechte Mathearbeit. Vati wird ganz schön sauer sein, dachte Nicki. Wie soll ich ihn bloß dazu kriegen, die Arbeit zu unterschreiben?

6 In den sechs Erzählteilen kannst du **Merkmale einer guten Erzählung** finden. Einige Beispiele sind in den Erzählteilen schon unterstrichen. Unterstreiche außerdem …
… in Erzählteil A **ein Wort, das Spannung erzeugt**.
… in Erzählteil B **ein anschauliches Adjektiv**.
… in Erzählteil C **zwei Verben im Präteritum** (Tätigkeitswörter).
… in Erzählteil D **die wörtliche Rede**.
… in Erzählteil E **eine spannende Vorankündigung**.
… in Erzählteil F **einen anschaulichen Vergleich**.

→ **Anschauliches Erzählen üben**

1 Diese Bilder erzählen die Geschichte
von Lisa und ihrem Hamster.

- Schreibe kurz auf, wie dir die Bildergeschichte gefällt.
- Schreibe auch auf, welches Bild du besonders magst.
  Begründe deine Wahl.
  Du kannst dazu Wörter aus der Sammlung auswählen.

> spannend
> lustig
> traurig
> langweilig
> überraschend
> komisch

_____

_____

_____

_____

_____

_____

_____

2 Der folgende Text erzählt die Geschichte von Lisas Hamster.
Überfliege den Text.
Verschaffe dir einen Überblick, worum es geht.

Der Unfall mit Lisas Hamster

Lisa hatte seit einer Woche einen süßen Gold-
hamster. Pommel hieß der Kleine. Manchmal ließ sie
Pommel sogar frei in der Wohnung herumlaufen.

Aber _____

_____

_____

Erzeuge Spannung mit
einer **Vorankündigung**,
zum Beispiel:

... dann passierte etwas
    Unglaubliches!
... einmal geschah
    etwas Verrücktes!

Denn eines Tages sprang Pommel in den Abfluss
des Spülbeckens und war weg.
Zuerst war Lisa starr vor Schrecken.
Dann weinte sie wie verrückt und schrie:

_____

_____

_____

Lisas Vater kam sofort in die Küche gerannt.
Er holte gleich das Werkzeug aus dem Keller.
Dann legte er sich unter die Spüle und schraubte
das Abflussrohr unter dem Becken ab.

„Los, Lisa", rief er, „nimm die Spülbürste
und stoß Pommel damit aus dem Rohr!"
Lisa nahm die Bürste und stieß sie ganz

_____ in den Abfluss.

In der Aufregung stieß sie ihrem Vater die Bürste in den
Mund.
„Aufhören!", schrie der Vater. „Dreh lieber den Wasser-
hahn auf. Dann wird Pommel herausgespült!"
Auch das machte Lisa. Aber jetzt lief dem Vater
das Wasser ins Gesicht. Er wurde

_____ .

Pommel aber blieb verschwunden.

Lisa weinte und dachte schon:

_____

_____

Schreiben und Präsentieren

Was könnte Lisa
schreien?
Setze **wörtliche Rede**
ein, zum Beispiel:

„Oh nein,
der arme Pommel!"

„Papa, komm schnell her!
Pommel ist in den Abfluss
gesprungen."

Setze ein passendes
Adjektiv ein:

vorsichtig   schnell
hektisch   langsam
fest   besonnen

Welches **Adjektiv** wählst
du hier?

pitschnass   traurig
schmutzig   grün
ohnmächtig   rasend

Was könnte Lisa denken?
Setze **Gedankenrede** ein,
zum Beispiel:

Wo kann
Pommel nur sein?
Ob es ihm gut geht?

Hoffentlich ist
dem armen Pommel
nichts passiert!
Wo ist er nur?

„Hol ihn da raus!", schrie sie verzweifelt.
Jetzt war auch der Vater ratlos und traurig.
Denn er wusste wirklich nicht mehr, was er
noch tun sollte.
Er legte seinen Arm tröstend um Lisas Schultern.
Das abgeschraubte Abflussrohr hielt er
in der anderen Hand.

Da hörten sie _____

ein lautes „Pop". Und als sie zu dem Abflussrohr sahen,
schaute Pommel fröhlich aus dem Rohr heraus.
Die ganze Zeit hatte er in dem abgeschraubten Rohr
gesessen.

Lisa schloss ihren Hamster

_____

in die Arme.

„Ach, mein Pommel", rief sie, „mein lieber, lieber Pommel!
Ich freu mich wie verrückt! Das ist

_____

_____

_____

Setze hier ein Wort ein,
das **Spannung** erzeugt,
zum Beispiel:

plötzlich
auf einmal
überraschend

Setze ein passendes
Adjektiv ein:

erleichtert   **freudig**
glücklich   **liebevoll**
beruhigt   **fröhlich**

Wie fühlt sich Lisa?
Füge einen **anschau-
lichen Vergleich** ein:

**… wie Weihnachten
und Geburtstag
zusammen."**
**…, als ob mir ein Stein
vom Herzen fällt."**

3 Jetzt kannst du die Lücken in der Erzählung füllen.
Am rechten Rand findest du verschiedene Möglichkeiten.
Wähle daraus aus, damit die Erzählung anschaulich
und spannend wird.

→ **Eine Erzählung zu einer Bildergeschichte schreiben**

1 Schau dir die Bildergeschichte genau an.

Kuchen

lecker

Ofen

Kuchen

Fensterbank

Kinder

beobachten

Kinder

essen

heimlich

Kinder

locken

Hund

Kuchen

verschwunden

erschrecken

Kuchen weg

schimpfen

2 Beantworte die Fragen zur Bildergeschichte jeweils in einem Satz.

Warum stellt die Frau den Kuchen auf die Fensterbank?

_____

_____

Was passiert mit dem Kuchen?

_____

_____

Warum wird der Hund von der Frau ausgeschimpft?

_____

_____

3 Gib der Bildergeschichte eine Überschrift und schreibe sie hier auf.

_____

4 Lies dir den Merkkasten aufmerksam durch.

M

Eine Erzählung zu einer Bildergeschichte schreiben

- Du gibst den Figuren **Namen**.
- Schreibe in **wörtlicher Rede**, was die Figuren sagen.
- Schreibe in **Gedankenrede**, was die Figuren denken.
- Verwende **anschauliche Adjektive und Vergleiche**.
- Erzeuge Spannung mit „**Spannungswörtern**" (plötzlich, auf einmal) und **Vorankündigungen**.
- Schreibe deine Erzählung im **Präteritum**.

5 Schreibe nun eine vollständige Erzählung zu dieser Bildergeschichte.
Diesen Anfang kannst du verwenden.
Übertrage ihn in dein Heft und schreibe die Erzählung dann weiter.

An einem schönen Sommertag backte Frau _____ einen leckeren Kuchen.
Als sie ihn aus dem Ofen nahm, roch der Kuchen köstlich. Sie stellte ihn …

CHECKLISTE

✓ Ich habe meinen Figuren **Namen** gegeben.
✓ Ich habe **wörtliche Rede** verwendet und die Figuren etwas sagen lassen.
✓ Ich habe hin und wieder **Gedankenrede** verwendet.
✓ Ich habe **anschauliche Adjektive und Vergleiche** verwendet.
✓ Ich habe **Spannungswörter** eingebaut.
✓ Ich habe spannende **Vorankündigungen** gemacht.
✓ Ich habe meine Erzählung im **Präteritum** geschrieben.

→ Fragen zu Till Eulenspiegel beantworten

1 Lies dir den Text Abschnitt für Abschnitt durch.
Schau dir das Bild in Ruhe an.

Überschrift: _____

Till Eulenspiegel spielte Menschen gern Streiche und führte
sie an der Nase herum. Eines Tages spannte er ein Seil vom
Haus seiner Mutter über einen Fluss zu einem Haus gegen-
über. Er übte seine Sprünge. Viele Menschen kamen zusam-
5 men und schauten Till zu. Sie freuten sich über seine Kunststücke.

Auch seine Mutter bemerkte den Lärm. Sie sah Till und wurde
wütend. Sie wollte ihn für seine Dummheiten bestrafen, denn
er sollte lieber ein ehrliches Handwerk[1] lernen. Also schnitt sie
10 das Seil durch. Till fiel hinunter in den Fluss. Alle Menschen
klatschten, machten Sprüche und lachten ihn aus.

Das wollte Till nicht auf sich sitzen lassen. Er wollte den
Menschen einen Denkzettel verpassen. Er spannte erneut ein
Seil und sprach: „Gebt mir eure linken Schuhe. Dann zeige ich
15 euch ein noch tolleres Kunststück!" Die Leute gaben ihm ihre
linken Schuhe. Till fädelte sie alle nacheinander auf das Seil.

„Aufgepasst! Jetzt kommt das große Kunststück!", rief er.
Schnipp, schnapp! Till schnitt das Seil durch und die Schuhe
fielen herunter. Sie fielen platschend ins Wasser und waren
20 an den Schnürsenkeln verknotet. Die Menschen waren sehr
ärgerlich und schimpften über Till. Till aber lachte nur und zog
hinaus in die weite Welt. Er würde noch viel Spaß haben.

---

[1]ehrliches Handwerk: normaler Beruf

2 Unterstreiche in jedem Absatz die Wörter,
die für dich beim Lesen wichtig sind.

Litera-
tur be-
gegnen

3 Überlege dir eine Überschrift für die Geschichte
und schreibe sie auf die Linie über dem Text.

4 Beantworte folgende Fragen.

a) Warum war die Mutter wütend auf Till?

_____

_____

b) Wie bestrafte die Mutter Till?

_____

_____

c) Warum wollte Till den Menschen einen Denkzettel verpassen?

_____

_____

_____

d) Wie schaffte er es, den Menschen einen Denkzettel zu verpassen?
 Beschreibe genau.

_____

_____

_____

5 Lies die nachfolgenden Sätze.
Einige Sätze sind falsch. Kreuze die richtigen Sätze an.
a) Till Eulenspiegel machte gern Kunststücke.
b) Tills Mutter liebte seine Vorführungen.
c) Till spannte ein Seil zwischen zwei Häusern.
d) Die Menschen lachten ihn aus, als er ins Wasser fiel.
e) Till sammelte die rechten Schuhe der Menschen und spannte sie auf ein Seil.
f) Am Ende waren alle Menschen glücklich und lachten.

→ Informationen zu Till Eulenspiegel zusammenstellen

1 Auf den beiden folgenden Seiten erfährst du mehr über das Leben von Till Eulenspiegel. Überfliege die Texte und verschaffe dir einen Überblick.

2 Unter jedem Kasten siehst du Fragen und Linien für die Antworten. Schreibe die Antworten dort auf.

Wer war Eulenspiegel?

Till Eulenspiegel wurde 1290 in einem Dorf in der Nähe von Braunschweig geboren. Er starb 1350 in Mölln in Schleswig-Holstein.
Im Jahr 1500 schrieb der Stadtschreiber von Braunschweig die Eulenspiegelgeschichten auf. Till Eulenspiegel spielte reichen Menschen schlimme Streiche. Er setzte sich so für die armen und unterlegenen Menschen ein.

a) Wann wurde Till geboren?

Till wurde _____ in einem Dorf in der Nähe von Braunschweig geboren.

b) Wann starb Till?

Till starb _____.

c) Wie alt wurde Till? Rechne im Kopf.

Till wurde _____ Jahre alt.

Was bedeutet der Name „Eulenspiegel"?

Es gibt mehrere Bedeutungen. Die Eule ist ein kluger Vogel und steht für Weisheit. Till Eulenspiegel war schlau. So passt die Eule in seinen Namen. Der Spiegel steht dafür, dass reiche, faule Menschen ihr schlechtes Verhalten durch Tills Streiche erkennen sollten. Das nennt man auch „jemandem den Spiegel vorhalten". Till wollte also, dass sich schlechte Menschen ändern.

d) Was bedeutet das Wort „Eulenspiegel"?

_____

_____

_____

Was war Eulenspiegel für ein Mensch?

Eulenspiegel war arm und setzte sich für Bettler, Gaukler und Straßenmusikanten ein. Er hatte keinen Beruf gelernt. Eingebildete reiche Handwerker, Professoren und Priester mochte er gar nicht. Manchmal hat er aber bei ihnen gearbeitet, weil er Geld brauchte. Till Eulenspiegel war überall gefürchtet. Er sorgte immer dafür, dass die Reichen am Ende dumm dastanden und man über sie lachte.

e) Für wen setzte sich Till ein? Wen mochte er gar nicht?

_____

_____

_____

Warum spielte Eulenspiegel anderen Menschen Streiche?

Früher waren die Armen in einer ganz schlechten Lage. Sie wurden von den Reichen nur ausgenutzt. Sie mussten extrem viel arbeiten, bekamen kaum Lohn und wurden schlecht behandelt. Es gab damals noch kein Gesetz, das sie schützte. Deshalb versuchte Till Eulenspiegel, ein wenig Gerechtigkeit für die Armen durch seine Streiche mit den Reichen herzustellen. Till war bei armen Menschen äußerst beliebt. Bis heute sind seine Geschichten für uns ein großer Spaß.

f) Warum waren arme Menschen in einer schlechten Lage?

_____

_____

g) Warum war Till bei den armen Menschen so beliebt?

_____

_____

_____

→ Eine Eulenspiegelgeschichte zu Ende schreiben

1 Die nächste Eulenspiegelgeschichte kannst du selbst fortsetzen.
Lies dir dazu den Anfang der Geschichte durch.

Wie Eulenspiegel Fenster strich

Eines Tages kam Till Eulenspiegel in eine neue Stadt. Er hatte kein Geld
mehr und beschloss, bei einem Maler zu arbeiten. Der Malermeister nahm
Till mit nach draußen und zeigte ihm die Fenster.
Er befahl Till: „Du nimmst dir Pinsel und Farbe und streichst sofort die
5 Fenster. Sie müssen dringend wieder einen neuen Anstrich haben. Ich
werde mich inzwischen etwas ausruhen. Sieh zu, dass du alles ordentlich
machst und kein Stückchen auslässt. Sonst schmeiße ich dich raus!"
Till überlegte, was er nun tun könnte. Er war ziemlich sauer auf seinen
unfreundlichen Herrn.
10 Da hatte Till eine Idee und freute sich: „Dir werde ich es schon zeigen!"
Till holte sich Pinsel und Farbe und …

2 Welchen Auftrag bekommt Till Eulenspiegel vom Malermeister?

_____

_____

_____

3 Jetzt kannst du die Geschichte auf der nächsten
Seite zu Ende schreiben. Lies die Stichwörter
genau durch. Das Bild mit der Fensterscheibe
gibt dir einen Hinweis darauf, was in der
Geschichte besonders wichtig ist.
Benutze im letzten Satz die wörtliche Rede.

Hier siehst du ein Beispiel für
eine wörtliche Rede:
**Till antwortete wütend: „Das
lasse ich mir nicht gefallen!"**

Stichwörter:
strich Holzrahmen und Fenster mit roter Farbe
auch die Scheibe voller roter Farbe
kein Stück ausgelassen
Malermeister aufgewacht
sah nach Till
Malermeister wütend, schimpfte
Till ruhig: „… wie befohlen Fenster gestrichen … kein Stück ausgelassen!"

Till holte sich Pinsel und Farbe und …

→ Ein Märchen lesen und verstehen

1 Dieses Märchen hast du im Buch gelesen.
Hier findest du eine Zusammenfassung.
Mit Hilfe der Wörtersammlung auf der nächsten Seite
kannst du die Lücken bestimmt ausfüllen.

Der Wolf und die sieben jungen Geißlein

Es war einmal eine alte Geiß, die hatte _____ junge Geißlein.

Sie ging in den _____, um _____ zu

holen. Ihren Kindern sagte sie, dass sie sich vor dem _____ in

Acht nehmen müssten. Der Bösewicht versuchte, die _____

zu überlisten. Er aß _____, damit seine Stimme nicht so

_____, sondern lieblich klang. Aber die Geißlein sahen seinen

schwarzen Fuß und machten die _____ nicht auf. Daraufhin ließ sich

der Wolf von dem _____ die Pfote mit Mehl bestreuen.

Beim zweiten _____ fielen die Geißlein auf ihn herein und er

_____ sechs von ihnen auf. Nur das jüngste konnte sich unbemerkt

im _____ verstecken. Als die alte Geiß nach Hause

kam, _____ ihr das siebente Geißlein, was vorgefallen war.

Nach dem großen Jammer fanden sie den Wolf _____ am Brunnen.

Die Geiß schnitt dem Bösewicht den _____ auf und fand die anderen

sechs Geißlein lebend vor. Sie füllten seinen Wanst mit _____.

Als er aus dem Brunnen _____ wollte, fiel er hinein und musste

jämmerlich _____. Die Geißlein tanzten mit ihrer Mutter vor Freude.

Bauch   Geißlein   Tür

Bäcker   Kreide

Uhrenkasten   ertrinken

Versuch   erzählte   schlafend

rau

Wackersteinen

fraß   sieben

Futter   Wolf

Wald   trinken

2 In Märchen können unterschiedliche märchentypische
Merkmale vorkommen. Hier findest du solche Merkmale.
Verschaffe dir einen Überblick.

Sprüche, Zauberformeln

Anfangsformel „Es war einmal …"

Dinge und Wesen mit
übernatürlichen Kräften
Aufgaben, Rätsel

wiederkehrende Zahlen   Verwandlung

Gegensätze

am Ende siegt meist das Gute   Schlussformel „Und wenn sie …"

3 Welche märchentypischen Merkmale sind dir in dem Märchen
„Der Wolf und die sieben jungen Geißlein" aufgefallen?
Versuche, zwei Merkmale aus der Erinnerung aufzuschreiben.

_____

_____

_____

→ Ein Märchen weiterschreiben

1 Lies dir den Märchenanfang genau durch.

Der Hase und der Igel

Es war an einem Sonntagmorgen in der Herbstzeit, gerade als der
Buchweizen blühte. Der Igel stand vor seiner Tür, hatte die Arme
verschränkt, guckte dabei in den Morgenwind und trällerte ein kleines Liedchen vor sich hin, so gut oder schlecht am lieben Sonntag-
5 morgen ein Igel singen kann. Während er noch so halblaut vor sich
hin sang, fiel ihm auf einmal ein, er könnte ein bisschen auf das Feld
hinausspazieren und nach seinen Steckrüben sehen. Seine Frau war
sowieso gerade beschäftigt: Sie wusch die Kinder und zog sie an.

Der Igel machte die Haustür hinter sich zu und schlug den Weg
10 zum Feld ein, wo er dem Hasen begegnete. Als der Igel den Hasen
bemerkte, wünschte er ihm freundlich einen guten Morgen. Der Hase
aber war ein sehr vornehmer Herr und schrecklich hochmütig. Er gab
dem Igel auf seinen freundlichen Gruß gar keine Antwort, sondern
setzte eine höhnische[1] Miene auf und sagte: „Wie kommt es, dass du
15 schon so früh am Morgen hier auf dem Feld herumläufst?" „Ich gehe
spazieren", sagte der Igel. „Spazieren?", lachte der Hase. „Ich glau-
be, du solltest deine Beine besser zu anderen Dingen gebrauchen."
Diese Antwort ärgerte den Igel sehr, denn bei seinen Beinen verstand
er keinen Spaß. Diese Kritik konnte er nicht ertragen, gerade weil
20 seine Beine von Natur aus ein wenig kurz und krumm waren.

(frei nach den Brüdern Grimm)

[1] böse, spöttisch

2 Das Märchen ist natürlich noch nicht zu Ende.
Du möchtest nun sicher wissen, wie der Igel auf die Beleidigung
des Hasen reagiert. Lies dazu die Stichwörter:

- Igel schlägt Wette vor:
  Wer läuft schneller?
- Wetteinsatz: ein Goldstück
  und eine Flasche Wein
- Igel geht kurz nach Hause
- Igel erzählt seiner Frau von Wette
- Igelfrau hält ihn für verrückt
- Igelfrau soll mit aufs Feld kommen
- Igelfrau soll am Ende des Feldes
  stehen und rufen: „Ich bin schon
  da!", wenn der Hase ankommt
- Hase und Igel machen Wettlauf

- nur Hase rennt
- Igel bleibt auf seiner Seite,
  Igelfrau auf der anderen
- Wenn Hase ankommt, ruft einer
  von beiden: „Ich bin schon da!"
- Hase weiß nicht, dass Igel
  und Igelfrau gleich aussehen
- Hase denkt, Igel sei immer schon
  schneller am Ziel als er
- Hase möchte immer
  noch eine Runde laufen
- 73-mal läuft Hase hin und her

3 Nun darfst du auch schon einmal nachlesen,
wie der Wettlauf ausgeht.

Beim vierundsiebzigsten Mal kam der Hase nicht mehr bis ans Ziel.
Mitten auf dem Acker stürzte er zu Boden und blieb tot liegen. Der
Igel aber nahm sein gewonnenes Goldstück und die Flasche Wein.
Dann rief er seine Frau, und beide gingen vergnügt nach Hause.
Und wenn sie nicht gestorben sind, so leben sie noch heute.

 Tipp:

4 Schreibe nun den mittleren Teil des
Märchens in einem richtigen Text auf.
Benutze das Präteritum!

Denke daran, dass die Figuren
in Märchen in wörtlicher Rede
sprechen!

Gespräch Hase – Igel:
Wette

_____

_____

_____

_____

_____

Gespräch zu Hause:
Igel – Igelfrau

Igel und Igelfrau
kommen zum Feld

Beginn des Wettlaufs

Igel und Igelfrau
rufen abwechselnd:
„Ich bin schon da!"

Hase kann es
nicht fassen, dass
Igel schneller ist

Hase läuft eine Runde
nach der anderen

→ Ein Gedicht selbst zusammenstellen

Am einunddreißigsten Februar

Am einunddreißigsten Februar

wird schwarze Tinte wie Wasser _____, (...ar)

die Schnecken gewinnen gegen die _____ (...sen)

beim Wettlauf auf dem _____, (...sen)

aus Mauselöchern kommen _____, (...ten)

zur Schule gehn statt der Kinder die _____, (...ten)

und Stühle gehn auf allen _____ (...ren)

neben dem Zebrastreifen _____, (...ren)

ein Bus sagt auf dem _____ (...kt)

zu zwei Polizisten: „Hier wird nicht _____!" (...kt)

Verkehrsschilder suchen sich ein _____, (...eck)

im Supermarkt laufen die Kassen _____, (...eg)

das Rathaus bekommt einen _____, (...ber)

es geht eben alles drunter und _____ – (...ber)

denn faustdicke Lügen werden _____ (...hr)

am einunddreißigsten Februar.   (Hans Baumann)

1 Vervollständige das Gedicht mit den passenden Wörtern.
Das Ende der gesuchten Wörter steht in der Klammer.

Elefanten   **Versteck**   **vieren**   **Hasen**
          weg   **drüber**   **Stadionrasen**
Nasenstüber   **Tanten**   **wahr**   **klar**
          geparkt   **spazieren**   **Gemüsemarkt**

2 Was ist das Besondere am einunddreißigsten Februar?

_____

_____

→ Ein Gedicht sinngemäß ergänzen

Der Mann im Schnee

Winter ist es. Draußen <u>steht</u>   steht / geht

einer, der nicht weitergeht.

Verlassen steht er dort im Schnee,

der dicke Mann. Geh zu ihm, _____   geh / mach schon

und sprich mit ihm! Sag: „Guten _____!   Morgen / Tag

Wie geht es Ihnen?" Oder frag:

„Wie spät ist es? Wo sind Sie her?

Wie heißen Sie? Liegt Bonn am _____?   Meer / Strand

Wie viel ist drei mal drei und vier?

Was ist der Kürbis für ein _____?"   Ding / Tier

Stelle ihm noch tausend Fragen –

Keine Antwort wird er _____.   nennen / sagen

Er bleibt _____.   stumm / ruhig

Nimm's nicht krumm.

Er weiß nicht einmal, wie's ihm geht,

der weiße Mann, der draußen _____.   sitzt / steht

(Josef Guggenmos)

1 Ergänze dieses Gedicht sinngemäß.
Wähle jeweils ein Wort vom Rand aus.
Schreibe die ausgewählten Wörter auf.

 **Tipp:**
Die richtigen Wörter bilden mit den
roten Wörtern einen Paarreim!

2 Lies deinen Text nun einmal halblaut vor dich hin.
• Bist du mit deiner Auswahl zufrieden?
• Hast du alle Paarreime überprüft?

→ Sich in literarische Figuren einfühlen

1 Lies dir die Geschichte aufmerksam durch.

In der Talstraße wohnte ein Junge, vor dem alle Angst hatten. Der Junge
wohnte hier noch nicht lange. Er war größer als die anderen Kinder und
er saß auf der Treppe vor seinem Haus einfach so da.
Jeden Tag saß der Junge da auf der Treppe und er machte meistens
5 ein böses Gesicht. Sonst machte er nichts.
Manchmal spuckte er allerdings, aber nur auf die Straße. Manchmal
pfiff er auch laut. Er steckte zwei Finger in seinen Mund und pfiff dann
wirklich ganz laut. Manchmal boxte er auch in die Luft. Mit zwei Fäusten
boxte er vor sich hin, als ob jemand da wäre, den er so boxte. Aber er
10 saß immer auf der Treppe dabei.
Trotzdem hatten die anderen Angst.
Wenn die Kinder aus der Talstraße zum Einkaufen mussten, gingen sie
nicht an dem Jungen vorbei. Sie gingen hinüber auf die andere Seite der
Straße. Wenn der Junge zu ihnen hinsah, liefen sie schneller. Manche
15 glaubten, er hätte ein Messer. Manche glaubten auch, er nähme ihnen das
Geld, das sie zum Einkaufen brauchten. Und Spielsachen machte er sicher
kaputt. Ein Junge, der immer so böse guckte, machte sicherlich alles kaputt.
Und bestimmt haute er kleinere Kinder.

(Elisabeth Stiemert)

2 Über den Jungen in der Talstraße hast du
wichtige Einzelheiten erfahren.
Welche sind dir in Erinnerung geblieben?
Schreibe noch vier weitere Informationen auf.

<u>Junge aus der Talstraße</u>

<u>Er wohnte noch nicht lange in der Talstraße.</u>

3 Warum haben die anderen Kinder Angst vor dem Jungen?
Lies den Text noch einmal und kreuze die richtigen Aussagen an.
Es sind vier.

a) Er ist größer als sie.
b) Er trägt komische Kleidungsstücke.
c) Er macht meistens ein böses Gesicht.
d) Er singt und ruft laut.
e) Er wirft mit Steinchen.
f) Er pfeift ganz laut.
g) Er boxt in die Luft.

Und so geht die Geschichte weiter:

Einmal kam ein Kind zu Besuch in die Talstraße und nach dem
20 Kaffeetrinken kam das Kind heraus. Es hatte seinen Ball
mitgebracht und wollte sehr gern spielen. Das Kind ging mit
dem Ball zu dem Jungen. Es wusste ja nicht, dass die anderen
vor ihm Angst hatten.
„Wollen wir spielen?", fragte das Kind den Jungen. Der Junge guckte
25 erstaunt. Dann stand er von der Treppe auf und lachte.
„Los", sagte der Junge, „wir spielen Torschießen!"
Die anderen Kinder aus der Talstraße sahen sich an, wie der Junge
mit dem fremden Kind spielte. Sie standen weit weg.
Aber sie sahen, dass der Junge auch lachte.
30 Vielleicht hat der Junge gar kein Messer, dachten sie jetzt. Vielleicht
nimmt er kein Geld weg. Vielleicht macht er auch gar nichts kaputt
und sicherlich haut der Junge auch keinen.
Morgen wollten sie ihn fragen …

4 Weshalb hat das Besucher-Kind **keine** Angst vor dem Jungen?
Suche die Textstelle und markiere sie.

5 Was denkst du?
Warum hat der Junge gelacht?

Der Junge hat gelacht, weil _____

_____

_____

6 Was könnten die anderen Kinder den Jungen morgen fragen?

_____

_____

_____

7 Was würdest du den Jungen gern fragen?

_____

_____

_____

8 Hier findest du Vermutungen der Kinder
aus der Talstraße, die **nicht** stimmen.
Kreuze sie an. Es sind vier.

- a) Der Junge spuckt auf die Straße.
- b) Der Junge nimmt Geld weg.
- c) Der Junge hat ein Messer.
- d) Der Junge macht meistens ein böses Gesicht.
- e) Der Junge macht alles kaputt.
- f) Der Junge haut kleinere Kinder.
- g) Der Junge pfeift ganz laut.
- h) Der Junge boxt in die Luft.

9 Welche Fragen würdest du den anderen Kindern gern einmal stellen?

_____

_____

_____

10 Finde für die Geschichte mit dem Jungen eine Überschrift,
die neugierig macht, aber noch nicht alles verrät.
Schreibe sie über den Anfang der Geschichte.

11 Die anderen Kinder denken, dass sie
vor dem Jungen Angst haben müssen.
Aber was denkt der Junge?
Schreibe die Geschichte aus der Sicht des Jungen,
in der **Ich-Perspektive**.
Die Stichwörter aus dem Kasten können dir helfen.

Ein Junge erzählt:
Manchmal hatte ich Langeweile. Das kam daher,
weil ich noch keine Freunde in der Talstraße gefunden hatte.
Wir sind erst vor Kurzem hierher gezogen.

Merkwürdig, dass die anderen _____

_____

_____

_____

_____

_____

_____

_____

_____

_____

_____

komisch gucken	traurig
einen Bogen um mich machen	Luftboxen
Langeweile wird größer	Straßenseite wechseln
auf die Straße spucken	warum
laut pfeifen	nichts Böses tun
vielleicht neugierig	Junge zu Besuch
Lust zum Spielen	Ball ...

→ **Eine Geschichte lesen und verstehen**

Wie Ole seinen Hund bekam

Ole hat keine Geschwister. Aber er hat einen Hund (…). Der Hund heißt Swipp. Jetzt will ich erzählen, wie es zuging, dass Ole Swipp bekam, so wie er selber es uns erzählt hat. Mitten zwischen Buller- bü und Storbü wohnt ein Schuhmacher, der heißt Nett. Er heißt Nett,
5 aber er ist kein bisschen nett, wirklich kein bisschen. Nie hat er unsere Schuhe fertig, wenn wir kommen und sie abholen wollen, auch wenn er es ganz bestimmt versprochen hat, dass sie fertig sein sollten. Das kommt davon, weil er so viel trinkt, sagte Agda. Ihm hat Swipp früher gehört. Er war nie nett zu Swipp, und Swipp war der schlimmste Hund,
10 den es im ganzen Kirchspiel gab. Immer war er an der Hundehütte an- gebunden, und wenn man mit den Schuhen zu Nett wollte, kam Swipp aus der Hundehütte herausgestürzt und bellte böse. Wir hatten Angst vor ihm und wagten gar nicht, zu ihm hinzugehen. Wir hatten auch vor dem Schuhmacher Angst, denn er sagte immer: „Kinder sind eine
15 Rasselbande, sie müssen jeden Tag Prügel kriegen."
Swipp bekam auch oft Prügel, obwohl er ein Hund war und kein Kind. Nett fand vielleicht, Hunde müssten auch jeden Tag Prügel kriegen. Und wenn Nett betrunken war, vergaß er, Swipp etwas zu essen zu geben.
20 Zu der Zeit, als Swipp noch bei dem Schuhmacher war, fand ich im- mer, er wäre ein grässlicher Hund. Er war so schmutzig und zerzaust und knurrte und bellte in einem fort. Jetzt finde ich, er ist ein freund- licher und hübscher Hund. Dazu hat Ole ihn gemacht. Ole selbst ist ja auch immer so freundlich.
25 Als Ole einmal mit seinen Schuhen zum Schuhmacher wollte, kam Swipp wie gewöhnlich aus der Hundehütte gestürzt und kläffte und sah so aus, als ob er beißen wollte. Ole blieb stehen und sprach mit ihm und sagte, er wäre ein guter Hund, nur er dürfte nicht so bellen. Er stand natürlich etwas entfernt, sodass Swipp nicht an ihn heran konn-
30 te. Swipp war genauso boshaft wie immer und bellte und riss an der Kette. Als Ole kam, um seine Schuhe abzuholen, brachte er für Swipp einen Knochen mit. Swipp knurrte und kläffte, aber er war so hungrig,

dass er sich sofort auf den Knochen stürzte und ihn zerbiss. Während er fraß, stand Ole die ganze Zeit ein kleines Stück entfernt und sagte

35 immer zu Swipp, er sei ein guter Hund. Ole musste ja oftmals hin, um nach seinen Schuhen zu fragen.

Denn sie waren doch nie fertig. Und immer brachte er Swipp irgendetwas mit. Und schließlich knurrte Swipp ihn nicht mehr an, sondern bellte nur, wie Hunde bellen, wenn sie einen Menschen sehen, den

40 sie gut leiden können. Da ging Ole zu Swipp hin und streichelte ihn, und Swipp leckte ihm die Hand. Eines Tages fiel der Schuhmacher hin und verstauchte sich den Fuß und er kümmerte sich nicht darum, ob Swipp etwas zu essen bekam.

Ole tat es leid um Swipp. Deshalb ging er zu Nett und fragte, ob er für

45 Swipp sorgen dürfe, solange Nett den schlimmen Fuß hätte. Dass er das gewagt hat! Aber Nett sagte nur: „Das möchte ich mal sehen! Der fährt dir an die Kehle, wenn du nur in seine Nähe kommst."

Ole ging zu Swipp hinaus und streichelte ihn, während der Schuhmacher am Fenster stand und zusah. Da sagte er, Ole könne gern für

50 Swipp sorgen, solange er selbst es nicht könne.

Ole machte die Hundehütte sauber, legte frisches Heu hinein, wusch Swipps Trinknapf aus, füllte ihn mit frischem, sauberen Wasser und gab Swipp eine ganze Menge zu essen. Hinterher nahm er ihn mit auf einen langen Spaziergang bis zu uns nach Bullerbü. Swipp hüpfte

55 und sprang und bellte vor Freude, denn er war so lange angebunden gewesen, dass es ihm schrecklich über war.

Die ganze Zeit, während Nett den kranken Fuß hatte, holte Ole Swipp jeden Tag ab und spielte mit ihm. Wir spielten auch mit ihm, aber Swipp mochte Ole am liebsten leiden. Als Netts Fuß wieder gut war,

60 sagte er zu Ole: „Jetzt aber Schluss damit! Der Hund ist ein Wachhund. Er muss wieder an die Kette."

Swipp dachte, er dürfe wie gewohnt mit Ole spazieren gehen, sodass er hüpfte und sprang und bellte. Als Ole fortging, ohne ihn mitzunehmen, heulte Swipp und war schrecklich traurig, sagte Ole. Ole war

65 auch traurig. Schließlich konnte sein Vater es nicht länger mitansehen, wie traurig er war, und da ging Oles Vater zu Nett und kaufte Swipp für Ole.

(Astrid Lindgren)

1 Notiere in zwei oder drei Sätzen,
was dir an dieser Geschichte besonders gefällt.

_____

_____

_____

_____

_____

2 Beantworte folgende Fragen zum Text.

a) Wie heißt der Schuhmacher in dieser Geschichte?

_____

b) Begründe mit zwei Beispielen aus dem Text,
ob der Name zu diesem Schuhmacher passt.

_____

_____

_____

c) Was erfährst du über Swipps **Verhalten** und über sein **Äußeres**,
<u>bevor</u> er Ole begegnet?

_____

_____

d) Was macht Ole mit Swipp, als er seine Schuhe zum Schuhmacher bringt?
Lies in den Zeilen 25–28 nach.

_____

e) Und was tut Ole, als er seine Schuhe wieder abholt? (Zeile 31–35)

_____

3 Finde selbst drei W-Fragen zum Text (Was? Wer? Wann? Wo? Wie? Warum?)
und schreibe sie mit den passenden Antworten auf.

_____

_____

_____

_____

_____

4 Swipp freut sich, wenn Ole kommt und mit ihm spazieren geht.
Finde dazu eine passende Textstelle.
Markiere diese Textstelle und schreibe sie hier auf.

_____

_____

_____

_____

5 Wie erklärst du dir die „Verwandlung" von Swipp?
Lies dazu noch einmal in den Zeilen 48–56 nach und mache dir Notizen.
Tausche dich anschließend mit einem Partner aus.

_____

_____

_____

_____

_____

6 Ole gibt sich sehr viel Mühe im Umgang mit Swipp.
Was tut er alles? Wie sorgt er für den Hund?
Schreibe **sieben** verschiedene Beispiele auf.

1: _____

2: _____

3: _____

4: _____

5: _____

6: _____

7: _____

7 Stell dir vor, du würdest dem Schuhmacher Nett einmal persönlich begegnen.
Welche zwei Fragen würdest du ihm gern stellen?

_____

_____

8 Gibt es auch etwas, das du ihm gern sagen möchtest? Schreibe es auf.

_____

_____

9 Was kannst du in dieser Geschichte über die Freundschaft
zwischen Menschen und Hunden lernen?

_____

_____

_____

10 An welcher Stelle im Text findest du den
folgenden Satz? Notiere die Zeilenangaben.   Zeile _____ bis _____

> Swipp hüpfte und sprang und bellte vor Freude, denn er war so lange
> angebunden gewesen, dass es ihm schrecklich über war.

11 Lies die Zeile 62–64 noch einmal.
Schreibe dann auf, was Swipp tut, als Ole fortgeht.

_____

_____

12 Wie könnte die Geschichte von Ole und Swipp weitergehen?
Was könnten die beiden noch alles unternehmen und erleben?
Schreibe deine Ideen hier auf.

_____

_____

_____

_____

_____

_____

_____

→ **Kurze Vokale – lange Vokale**

M

Kurze Vokale – lange Vokale

Die meisten Wörter bestehen aus **zwei Silben**:
En-te, Schlan-ge, Ti-ger, Ha-se.

Die erste Silbe kann mit einem **langen Vokal** enden:
Ti-ger, Ha-se, Bie-ne, Scha-fe.

Sie kann aber auch mit einem **Konsonanten** enden, dann ist der **Vokal kurz**:
En-te, Schlan-ge, Af-fe.

Zu den langen Vokalen gehören auch die Laute **ei, eu, äu, au**:
Tau-be, Mei-se.

1 Schreibe die folgenden Wörter mit Trennungsstrich auf: Kat-ze …

Katze	Wespe	Spinne	Wanze	Biber
Kater	Raupe	Wale	Löwe	Qualle

Wörter mit langem Vokal: _____

Wörter mit kurzem Vokal: _____

2 Sprich die folgenden Fantasiewörter deutlich aus.
Ordne sie dann in die Zeilen ein:

Mögul	Maufel	Lötel	Köbel	Lommel
Möggel	Mümmel	Lottel	Kurrel	Lüsel

Wörter mit langem Vokal: Mö-gul, _____

Wörter mit kurzem Vokal: _____

3 Bilde aus den folgenden Wörtern die **Mehrzahl** (Plural):

Tier	Ente	Kuh	Gans	Reh
Hund	Ziege	Schaf	Bär	Spatz

Wörter mit langem Vokal: Tie-re _____

Wörter mit kurzem Vokal: _____

→ **Wörter mit silbentrennendem h**

M

Das silbentrennende h

Es gibt Wörter, bei denen steht ein h zwischen zwei Vokalen: se**h**en, dro**h**en ...
Dieses h trennt die beiden Silben solcher Wörter.

Es heißt deswegen **silbentrennendes h**: se-hen, dro-hen ...

Dieses h bleibt auch in allen anderen Wortformen erhalten: sieht, droht ...

1 Die wichtigsten Nomen sind:

Ruhe   Schuhe   Höhe   Zehen   Reihe   Kühe   Verzeihung

Suche dir drei Wörter aus und schreibe mit jedem Wort einen Satz.

_____

_____

_____

2 Die wichtigsten Verben sind:

blühen   fliehen   glühen   stehen   wehen
drohen   gehen   sehen   verzeihen   ziehen

Setze die Wörter in der richtigen Form in die Sätze ein.
Bilde mit einem weiteren Wort einen Satz.

Jana _____ auf dem Aussichtsturm und _____ auf die Stadt.

Im Grill _____ die Holzkohle; der Rauch _____ Alex in die Augen.

Ein großer Junge _____ dem kleinen Pitt mit der Faust; da _____ er.

_____

_____

3 **Merkwörter** mit silbentrennendem **h**, die du üben musst:

Frühling   Weihnachten   Verzeihung   früh   froh   höher

→ **Wörter mit Dehnungs-h**

M

Das Dehnungs-h

Bei manchen Wörtern musst du aufpassen. Sie haben ein Dehnungs-h.
Dieses Dehnungs-h steht nur, wenn der Vokal **lang** gesprochen wird.
Und es steht nur vor den Buchstaben **l, m, n** und **r**:
zä**h**len, ne**h**men, gä**h**nen, fa**h**ren.

1 Die wichtigsten Nomen mit Dehnungs-h sind:

Bahn	Fohlen	Sohn	Lehrer	Mehl	Zahl
Jahr	Gefahr	Gefühl	Wohnung	Ohren	

Schreibe diese Wörter nach dem Abc auf:

_____

_____

_____

2 Auch die folgenden Wörter mit Dehnungs-h sind wichtig. Ordne sie.

ähnlich	ehrlich	kühl	mehr	wahr	zahm
berühmt	hohl	lahm	ohne	wohl	zehn

Wörter mit **hl**: _____

Wörter mit **hm**: _____

Wörter mit **hn**: _____

Wörter mit **hr**: _____

3 Schreibe einige Wörter mit Dehnungs-h auf, die du noch kennst.
Es sollen aber keine Wörter sein, die hier schon stehen.

_____

_____

4 Die wichtigsten Verben mit Dehnungs-h sind:

bezahlen	fühlen	rühren	wohnen
fahren	führen	stehlen	zählen
fehlen	nehmen	sich wehren	

Schreibe jedes dieser Wörter in der Ich-Form mit Silbenstrichen auf:

ich bezah-le, _____

_____

_____

5 Suche dir für jeden Satz zwei der Verben aus Aufgabe 4 aus:

Jan und Carolin _____ in der Bergstraße

und _____ sich dort wohl.

Im Supermarkt darf man Schokolade nicht _____,

sondern muss sie _____.

Die Kinder _____ ihr Geld,

es _____ ihnen aber 50 Cent.

6 Merkwörter, die du üben musst: ihm – ihn – ihr.
Setze diese Wörter in die folgenden Sätze ein:

Tobi hatte Geburtstag. Mutter schenkte _____ einen Werkzeugkasten.

Tobi bedankte sich bei _____ dafür. Mutter nahm _____ in die Arme.

7 Auch das sind **Merkwörter**, die man aber **ohne** h schreibt. Schreibe sie einmal auf.

für – gar nicht – holen – hören – er kam – klar – schon – schwer – er war – zwar

_____

_____

→ **Vorsilben (Präfixe)**

M

Vorsilben

Bei Wörtern mit **Vorsilben** muss man gut aufpassen!
Es passiert nämlich leicht, dass man einen **Buchstaben vergisst**.
Das geschieht besonders dann, wenn die Vorsilbe mit demselben
Buchstaben endet, mit dem das eigentliche Verb beginnt.
Dann schreibt man schon einmal veraten statt verraten.

1 Setze die Verben mit den
Vorsilben zusammen.
Schreibe einen Silbenstrich
zwischen Vorsilbe und Verb:
ver-raten ...

ver-	-raten	-reisen
er-	-reichen	-richten
über-	-reden	-reichen
unter-	-rühren	-richten
zer-	-reißen	-reiben

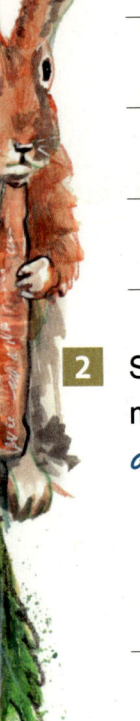

2 Setze die Verben
mit den Vorsilben zusammen:
ab-beißen ...

ab-	-beißen	-brechen
an-	-nehmen	-nageln
weg-	-geben	-gehen
ent-	-tarnen	-täuschen
aus-	-sehen	-steigen

3 Schreibe zwei Sätze auf, in denen je eines der Wörter aus Aufgabe 1 und 2 vorkommt.

→ Wörter mit einfachem und doppeltem Konsonanten

M

Einfacher Konsonant – doppelter Konsonant

Ein **einfacher Konsonant** wird geschrieben,
wenn der betonte Vokal in der ersten Silbe **lang** ist: Hüte, Ofen.

Ein **doppelter Konsonant** wird geschrieben, wenn der Vokal **kurz** ist: Hütte, offen.

1 Diese Wörter mit Doppelkonsonanten kommen sehr häufig vor.
Ordne sie nach dem Abc.

alle	glatt	krumm	toll	nett	schlimm
dann	bestimmt	hell	immer	wenn	voll

_____

_____

2 Diese Wörter gibt es mit einfachem und mit doppeltem Konsonanten.
Oft werden sie verwechselt. Setze die Wörter in die Lücken ein.

denn – den:
Ich liebe _____ Kater, _____ er ist freundlich zu mir.

drinnen – darin:
Im Zimmer _____ ist es warm, der Kamin _____ heizt gut.

wenn – wen:
Sag mir, _____ liebst du, _____ du überhaupt jemanden liebst?

kämmen – kämen:
Wenn meine Eltern doch endlich _____, um mich zu _____!

immer – im:
Der Klugschnabel glaubt _____, _____ Recht zu sein!

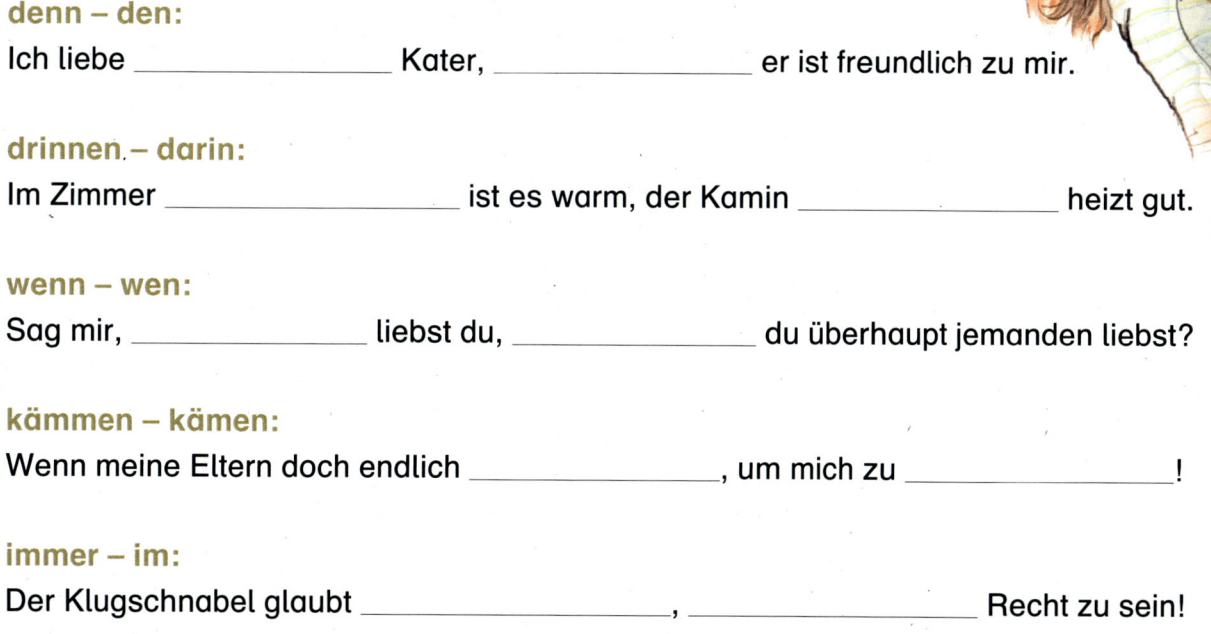

3 Präge dir diese **Merkwörter** ein. Sie werden **mit** doppeltem Konsonant geschrieben.

bitten	fallen	kommen	müssen	sollen	wollen
Kamm	Kuss	Schiff	Schnitt	Stall	Wette

→ **Wörter mit ff, ll, mm, nn, pp, tt**

Sprünge vom Fünfmeterturm

Gestern sind wir schwimmen gegangen. Zu dumm, dass   _schwimmen_

ich meine Taucherbrille nicht dabeihatte! Ich wollte näm-   _____

lich gern eine lange Strecke im Tauchen schaffen. Das   _____

klappte aber nun nicht. Also kletterte ich auf den Fünfme-   _____

terturm und machte ein paar Sprünge. Beim ersten Mal   _____

knallte ich mit dem Bauch auf. Das nennt man Bauchklat-   _____

scher. Beim zweiten Mal donnerte ich mit dem Hinterteil   _____

ins Becken. Das brannte! Und es hat mir auch nicht ge-   _____

fallen. Also versuchte ich es noch ein drittes Mal. Nun hat- _____

te ich den richtigen Absprung getroffen, und es ging alles   _____

glatt. Dafür habe ich auch richtigen Beifall bekommen.   _____

1 In diesem Text kommen 20 Wörter mit den Doppelkonsonanten
ff, ll, mm, nn, pp und **tt** vor.
Markiere die Wörter und schreibe sie am Rand noch einmal auf.

2 Schreibe fünf der Verben aus dem Text oben in der Grundform auf:

wollte: wollen, _____

_____

3 **Merkwörter**, die du üben musst:

| immer | nett | ich soll | voll | zusammen |
| ich kann | schlimm | es stimmt | ich will | |

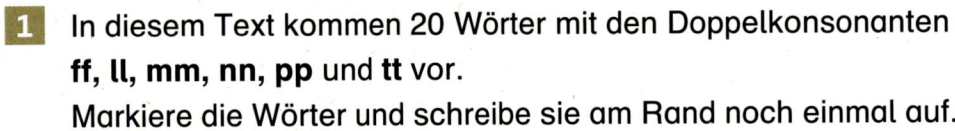

→ Wörter mit tz und z

> **Wörter mit tz und z**
>
> Ein **tz** schreibt man in Wörtern nur dann, wenn in der betonten Silbe
> ein **kurzer Vokal** vorkommt: Blitz, Tatze.
>
> Ein **z** schreibt man, wenn ein **langer Vokal** oder **au, ei, eu, äu** vorausgeht:
> Kreuz, Weizen, Schnauze.
>
> Auch wenn ein **Konsonant** vorausgeht, folgt nur ein **z**: Kranz, Pilz.

1 Ordne die folgenden Wörter in die Zeilen ein:

Platz	Pilz	Witz	Schnauze	Tatze	Heizung
Satz	Kauz	Wanze	Kranz	Kreuz	Ranzen

Wörter mit tz: _____

Wörter mit z: _____

_____

2 Zu jedem Wort auf der linken Seite passt eines von der rechten Seite.
Schreibe sie zusammen auf.

platzen	spitz		der Schmutz	der Sitz
schmutzig	trotzdem		der Witz	der Platz
sitzen	witzig		der Trotz	die Spitze

platzen – der Platz, _____

_____

3 Setze diese Wörter in den Text ein:

trotzdem   letztes Mal   plötzlich   ganz

Als wir _____ zum Pilzesammeln in den Wald gegangen sind,

lief uns _____ ein Fuchs über den Weg. Wir sind _____

still stehen geblieben, _____ bemerkte er uns und lief weg.

→ **Wörter mit ck und k**

M

Wörter mit ck und k

Ein **ck** schreibt man nur dann, wenn in der betonten Silbe
ein **kurzer Vokal** vorkommt: Sack, Brücke.

Ein **k** schreibt man, wenn ein **langer Vokal** vorausgeht: Ekel, Luke.

Auch wenn ein **Konsonant** vorausgeht, folgt nur ein **k**: Getränk, Schrank.

1 Zu den Wörtern auf der linken Seite passt immer eines von rechts.
Schreibe sie zusammen auf.

blinken	beschränkt	der Schrank	der Blinker
trinken	spuken	das Getränk	der Gestank
stark	eckig	die Spucke	der Spuk
stinken	spucken	die Ecke	die Stärke

blinken – der Blinker,

2 In den folgenden Wörtern fehlt immer das **k** oder das **ck**.
Sprich die Wörter zuerst deutlich aus.
Setze dann die richtigen Buchstaben in die Lücken ein.

kle____ern   trin____en   zan____en   stin____en

quie____en   tro____en   par____en   ju____en

3 Schreibe selbst je einen Satz mit den folgenden Wörtern auf:

krank   stark   Musik

→ Wörter mit ss und ß

M

Der stimmlose s-Laut

Zwischen zwei Vokalen schreibt man ss, wenn der Vokal
in der ersten Silbe **kurz** ist: Flüs-se, Gas-se.

Man schreibt aber **ß**, wenn der Vokal in der ersten Silbe lang ist: Fü-ße, Stra-ße.

Auch **ei, au, äu** und **eu** gehören zu den langen Vokalen: Mei-ßel, drau-ßen.

1 Hier reimen sich jeweils zwei Wörter. Suche zu den Wörtern oben
das passende Reimwort unten und schreibe es in die Zeile.

aßen _____   Grüße _____

lassen _____   reißen _____

Schüsse _____   Schüssel _____

Straße _____   wissen _____

beißen   fraßen   Füße   gebissen   hassen   Küsse   Maße   Schlüssel

2 Die folgenden Wörter kennst du alle. Sprich sie deutlich aus,
dann weißt du, ob du **ß** oder **ss** einsetzen musst.

Der Dackel auf dem Sessel sa_____   Doch der sich nichts gefallen lie_____,

und ganz vergnügt sein Futter fra_____.   den Spitz ganz schnell beiseitestie_____

Der Spitz in Dackels Ohren bi_____   und dann mit einem kräftigen Bi_____

und ihm den Knochen gleich entri_____.   den Spitz in eine Ecke schmi_____.

3 Diese Wörter werden oft falsch geschrieben. Du musst sie dir merken.

bloß   draußen   ich weiß   Straße   ich muss   ein bisschen

Ich wei_____, ich mu_____ drau_____en auf der Stra_____e blo_____

noch ein bi_____chen auf dich warten.

→ Wörter mit äu

Wann schreibt man äu?

Zu fast jedem Wort mit **äu** gibt es ein verwandtes Wort mit **au**:

Häuser → Haus, läuten → laut.

Wenn du unsicher bist, ob ein Wort mit **äu** (und nicht mit **eu**) geschrieben wird,
musst du ein verwandtes Wort mit **au** suchen.

1 Suche zu jedem Wort mit **äu** ein Wort mit **au**.
Schreibe die beiden Wörter hintereinander auf.

träumen	Kräuter	schäumen	Traum	Baum	Zaun
Geräusch	Bäume	Räuber	Strauch	rauschen	Kraut
Sträucher	Zäune	Gebäude	Raub	Schaum	Bau

<u>träumen – Traum,</u>

_____

_____

_____

_____

_____

2 Schreibe in die Wortlücken die richtigen Buchstaben hinein.

B_____me kommt von Baum,   Ger_____sche kommt von r_____schen,

und sch_____men kommt von Schaum.   vort_____schen kommt von t_____schen.

Aufr_____men kommt von Raum,   R_____ber kommt von R_____b,

und tr_____men kommt von Traum.   bet_____ben kommt von t_____b.

3 Suche zu den Wörtern läuten und zäumen verwandte Wörter mit **au**.

_____

→ **Wörter mit ä**

Wann schreibt man ä?

Zu vielen Wörtern mit **ä** gibt es ein verwandtes Wort mit **a**:
Wälder → Wald, älter → alt, ändern → anders.

Wenn du unsicher bist, ob ein Wort mit **ä** (und nicht mit **e**)
geschrieben wird, musst du ein verwandtes Wort mit **a** suchen.

1 Suche zu jedem Wort mit **ä** ein Wort mit **a**.
Schreibe die Wörter auf.

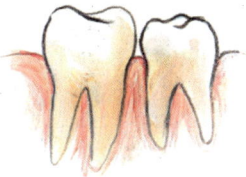

Hände	Geländer	Kälte	Hand	Stand	Zahn
Zähne	Ständer	Schwäche	schaffen	schwach	flach
Geschäft	Fläche	ängstlich	kalt	Angst	Land

Hände – Hand,

_____

_____

_____

2 Schreibe in die Wortlücken die richtigen Buchstaben hinein.

Die Fl_____che kommt von flach,

und D_____cher kommt von Dach.

Die Schw_____che kommt von schwach,

und F_____cher kommt von Fach.

Gel_____nder kommt von L_____nd,

anst_____ndig kommt von St_____nd.

Die K_____lte kommt von _____,

doch _____ltern **nicht von alt**!

→ **Wörter mit b, d, g am Ende**

M

Wörter mit b, d, g am Ende

Wenn man ein Wort wie Lob ausspricht, dann hört man ein **p** am Ende.
Das Wort wird aber mit **b** geschrieben, weil es von lo**b**en kommt.
Und hier kann man das **b** deutlich hören.

So ist es auch bei Wörtern, die sich anhören, als wenn ein **t** oder **k**
am Ende stehen würde: Rad, Tag ...

Wenn man unsicher ist, muss man das Wort **verlängern**.
Dann kann man hören, wie es geschrieben wird: Rad – Rä**d**er, Tag – Ta**g**e ...

1 Suche zu den folgenden Wörtern eine verlängerte Form.

genug – klug – schräg – rund – blond – gesund – blind – lieb – gelb – halb

genug – genügend,

_____

_____

2 Lies die Sätze deutlich vor. Schreibe in die Lücken die richtigen Buchstaben hinein.

Aus Gel_____ mach ich Gelder,   Aus sie_____t mach ich siegen,

aus Fel_____ mach ich Felder.   aus krie_____t mach ich kriegen.

Aus Die_____ mach ich Diebe,   Aus le_____t mach ich leben,

aus lie_____ mach ich Liebe.   aus gi_____t mach ich geben.

3 In den folgenden Sätzen sind drei Fehlerwörter unterstrichen.
Eins musst du aber noch selbst finden! Unterstreiche es.
Berichtige die vier Fehlerwörter am Rand.

Er fährt mit dem Rad runt um den Platz herum.   _____

Plötzlich biekt er halp nach rechts ab   _____

und fährt schräk über die Straße.   _____

→ Großschreibung – Signalwörter: Artikel

M

Artikel und Nomen

Nomen werden **großgeschrieben**. Bei Namen von Menschen, Tieren und Pflanzen ist das auch klar.

Aber bei anderen Wörtern weiß man oft nicht, ob ein Wort ein Nomen ist. Dann können **Signalwörter** helfen:

Die **Artikel der, die, das, ein, eine** weisen meistens darauf hin, dass danach ein Nomen folgt: der <u>Witz</u>, die <u>Ferien</u>, das <u>Glück</u>, ein <u>Sieg</u>, eine <u>Niederlage</u>. Diese Wörter werden dann großgeschrieben.

1 In den folgenden Sätzen stehen vor den Nomen immer Artikel:
der, die, das oder **ein, eine.**
Markiere sie und schreibe das darauf folgende Wort (es ist immer ein Nomen) groß.

Der herbst _Herbst_ ist eine jahreszeit _____ .

Da wird das laub _____ welk, und die blätter _____ taumeln herab.

Die kastanien _____ fallen mit einem knall _____ herunter.

Die kugeln _____ , glänzend braun, sind die samen _____ .

2 Manche Wörter sind dir unbekannt. Dann erkennst du ein Nomen nur an den Artikeln **den, die, der, ein, eines.** Markiere die Artikel und schreibe das darauf folgende Nomen groß.

Mit den flossen _Flossen_ bewegen sich die fische _____ .

Mit den flügeln _____ bewegen sich die vögel _____ .

Die lunten _____ sind die schwänze _____

der füchse _____ . Ein schweif _____ ist

der schwanz _____ eines pferdes _____ .

3 Markiere zuerst die Artikel. Schreibe dann den Satz richtig in dein Heft.
Nicht nur die fliegen können fliegen, sondern fliegen können auch die flieger.

→ **Großschreibung – Signalwörter: Pronomen**

M

Pronomen und Nomen

Pronomen sind Wörter wie **mein, dein, sein, ihr, unser, euer.**
Solche Wörter stehen oft vor einem Nomen: mein Pech, dein Glück, unsere Wohnung.
Diese Wörter können **Signale für die Großschreibung** sein.

1 In den folgenden Sätzen stehen vor den Nomen die Pronomen
mein, meine, meiner, unsere.
Markiere sie und schreibe die darauf folgenden Wörter groß.

Heute habe ich meine schlüssel _Schlüssel_ vergessen. Ich kam nicht mehr

in unsere wohnung _____ hinein. Erst wusste ich nicht,

wer mir in meiner not _____ helfen könnte. Doch dann fiel mir ein,

dass mir unsere nachbarin _____ aufschließen kann.

Das war mein glück _____!

2 Schreibe die folgenden Sätze richtig auf.
Markiere aber vorher die Pronomen.
Denke daran: Das Wort danach wird großgeschrieben!

In meiner wut kenne ich manchmal meine freunde nicht wieder.
Dann fängt meine stimme zu zittern an.
Ich verderbe ihnen dann ihre laune. Das ist meine schuld!

_____

_____

_____

3 Schreibe selbst einen Satz auf, in denen vor dem Nomen
das Pronomen **mein** oder **dein** steht.

_____

→ Großschreibung – Signalwörter: Adjektive

Adjektiv und Nomen

Oft erkennt man ein Nomen daran, dass davor ein **Adjektiv** steht:
guten Morgen, viel Glück, große Angst.

Und oft steht auch noch ein **Artikel vor dem Adjektiv**:
der bissige Hund, eine große Wut.

Hier muss man wissen: Der **Artikel** gehört zum **Nomen**,
auch wenn ein Adjektiv noch dazwischensteht.

M

1 In den folgenden Sätzen stehen vor den Nomen immer Adjektive. Markiere sie.
Schreibe das darauf folgende Wort (es ist immer ein Nomen) groß.

Am liebsten mag ich knusprige ~~pommes~~ _Pommes_ mit rotem ketchup

_____.

Morgens esse ich frischen obstsalat _____.

Meine Mutter wünscht mir dann immer guten appetit _____.

2 Schreibe die folgenden Ausdrücke richtig auf.
Markiere aber vorher die Artikel und Adjektive.

ein großer spaß   eine lustige party
der nächste morgen   ein schönes erlebnis

_____

_____

3 Schreibe den Satz richtig auf.
Markiere aber vorher die Artikel und Adjektive.

Ein richtiger hunger wird am besten durch ein gutes essen gestillt.

_____

_____

→ Großschreibung – Signalwörter: versteckte Artikel

M

Versteckter Artikel und Nomen

Manchmal ist der **Artikel** in einem anderen Wort **versteckt**. Zum Beispiel in den Wörtern **beim, am, zum, im, ins, vom.**

Diese Wörter setzen sich nämlich aus zwei Wörtern zusammen: **bei dem, zu dem, in das, von dem.**

Nach solchen Wörtern stehen oft Nomen, die **großgeschrieben** werden: ins Wasser, zum Glück, am Abend.

Manchmal steht nach solchen Wörtern noch ein **Adjektiv**: zum großen Glück, am späten Abend.

1 Markiere die Wörter **zum, beim, vom, im, am.** Schreibe die Nomen groß.

am abend ___am Abend_____

vom toben _____

am morgen _____

beim sport _____

im regen _____

zum abschied _____

2 Markiere die Wörter **am, zum, beim, im** und die Adjektive.
Schreibe die Ausdrücke richtig auf.

am nächsten abend _____

beim letzten mal _____

zum großen glück _____

im neuen jahr _____

3 In dem folgenden Text sind fast alle Nomen kleingeschrieben. Du kannst sie aber an den Wörtern **im, ins, beim, zum** erkennen. Markiere diese Wörter.
Unterstreiche die Nomen. Schreibe dann die Sätze ab – und dabei die Nomen groß.

Lucy ist im schwimmen grottenschlecht. Auch beim tauchen ist sie nicht besonders. Sie fürchtet sich nämlich, ins wasser zu gehen. Das ist nicht zum lachen! Lucy ist nämlich eine Katze.

Lucy ist _____.

Auch _____.

Sie fürchtet sich nämlich, _____.

Das ist nicht _____! Lucy ist nämlich eine Katze.

→ Großschreibung – Auf die Signalwörter achten!

Recht-schreibung *und* Zeichen-setzung

1 Markiere im folgenden Text die Signalwörter: die Artikel **einen, das, die, der,** das Pronomen **ihre,** die Adjektive und die Wörter mit verstecktem Artikel **zum, beim, am, im.**
Unterstreiche die Nomen, die nach den Signalwörtern stehen.

Conny schrieb einen <u>Brief</u> an ihre <u>Freundin</u>. Zum Schreiben benutzte sie einen neuen Füller. Den hatte sie beim Vorlesewettbewerb am Wochenende gewonnen. Das Vorlesen hatte die Zuhörer zum Staunen gebracht. Conny schrieb ihrer Freundin im Brief, wie der Wettbewerb abgelaufen war. Es hatte ihr großen Spaß gemacht.

2 Hier bekommst du noch einmal fast den gleichen Text.
Jetzt sind aber alle Nomen kleingeschrieben. Schreibe ihn richtig auf.
Es kommt darauf an, dass du alle Nomen großschreibst!
Aber nicht einfach abschreiben! Decke den Text oben ab, sonst lernst du nichts!

Conny schrieb einen brief an ihre freundin. Zum schreiben benutzte sie einen neuen füller. Den hatte sie beim vorlesewettbewerb gewonnen. Das vorlesen hatte die zuhörer zum staunen gebracht. Conny schrieb ihrer freundin im brief, wie der wettbewerb abgelaufen war. Es hatte ihr großen spaß gemacht.

_____

_____

_____

_____

_____

_____

3 Vergleiche deine Sätze mit dem Text ganz oben.
Vielleicht musst du etwas verbessern.

→ Zeichensetzung: Satzschlusszeichen

Punkt, Ausrufezeichen, Fragezeichen

Am Ende eines Satzes stehen die **Satzschlusszeichen**:
Punkt, Ausrufezeichen oder Fragezeichen.
Nach Punkt, Ausrufezeichen und Fragezeichen wird **großgeschrieben**.

Der **Punkt** steht, wenn man etwas **feststellt**: Pira hat diesmal gewonnen.

Das **Ausrufezeichen** steht, wenn man etwas **ausruft**
oder jemanden zu etwas **auffordert**: Lass mich in Ruhe!

Das **Fragezeichen** steht, wenn man einen Satz als **Frage** meint:
Warum bist du so böse?

Diese Satzzeichen werden gesetzt,
damit der Leser einen Text **besser verstehen** kann.

1 Setze in die folgenden Sätze Satzschlusszeichen ein.
Den ersten Buchstaben nach einem Satzschlusszeichen
musst du groß darüberschreiben.

Was war denn an dem Film so toll? E erzähl doch mal   ich kann es mir gar nicht vorstellen   es war ein 3D-Film   weißt du, was das ist   da sieht man durch eine Brille
alles auf einen zukommen   manchmal kriegt man einen Schreck   du glaubst es
nicht   hast du so etwas auch schon gesehen   natürlich   da sind Steinbrocken auf
mich zugeflogen   ich bin richtig zusammengezuckt   schrecklich   mir ist es auch so
gegangen   was habe ich da gemacht   ich habe die Hände vors Gesicht gehalten

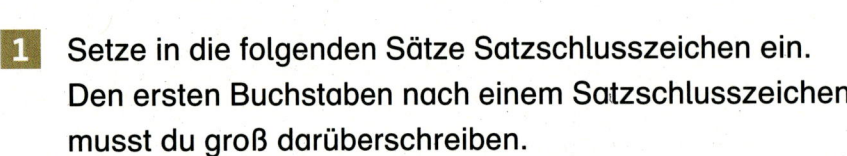

2 Schreibe hinter die folgenden Sätze Punkt, Fragezeichen oder Ausrufzeichen.

Kannst du mir mal den Hammer heraufreichen   Ich stehe hier gerade auf der Leiter
Ich mache gerade Hausaufgaben   Musst du mich immer stören
Bitte, es dauert doch nur einen Augenblick

3 Schreibe drei kurze Sätze auf:

Satz mit einem Punkt: _____

Satz mit einem Fragezeichen: _____

Satz mit einem Ausrufezeichen: _____

→ Zeichensetzung: Zeichen der wörtlichen Rede

M

Zeichen der wörtlichen Rede

Eine Rede besteht aus **Begleitsatz** und **Redesatz**.
Dabei steht das, was einer im Redesatz sagt, in **Anführungszeichen**.
Meistens steht der Begleitsatz **vor** dem Redesatz.
Dann steht ein **Doppelpunkt** zwischen den beiden Teilen:
Sie sagte: „Ich komme gleich." – Der **Punkt** steht **vor** dem hinteren Anführungszeichen!

Manchmal steht der Begleitsatz nach dem Redesatz.
Dann steht ein **Komma** zwischen den beiden Teilen:
„Ich komme gleich", sagte sie. – Das **Komma** steht **nach** dem hinteren Anführungszeichen!

1 Setze in die folgenden Sätze die Anführungszeichen
vorn und hinten ein:

Die Katze sagte: Von meinem Herrchen bekomme ich
täglich herrliches Katzenfutter.
Der Kater antwortete: Das ist doch bloß was für Schmusekätzchen.
Die Katze rief: Du bist ja nur neidisch!
Der Kater protestierte: Aber hör mal!
  Aber du musst doch etwas fressen   , sagte die Katze.

2 Setze in die Sätze Doppelpunkte, Punkte, Kommas, Ausrufezeichen
und Fragezeichen ein:

Die Katze fragte   „Kriegst du vielleicht etwas Besseres   "
„Ja, ich fange Mäuse"   sagte der Kater
Die Katze schüttelte sich und rief   „Igittegitt – Mäuse   "
„Die sind eine Delikatesse"   sagte der Kater

3 Setze in die Sätze alle Zeichen ein, die fehlen:

Da fragte die Katze   Wie geht das eigentlich mit dem Mäusefangen
  Ich lege mich auf die Lauer und warte   antwortete der Kater
Die Katze fragte   Wie lange musst du denn da warten
  Manchmal mehrere Stunden   antwortete der Kater
Da rief die Katze   Deine Geduld möchte ich haben

100

Recht-
schreibung
und
Zeichen-
setzung

→ **Das Komma bei der Aufzählung von Wörtern**

M

Die Aufzählung von Wörtern

Kommas stehen zwischen **Wörtern**, die aufgezählt werden,
aber **nicht vor** dem Wort **und**:
Der Tag besteht aus Morgen, Mittag, Abend, Nacht.
Der Tag besteht aus Morgen, Mittag, Abend <u>und</u> Nacht.

Auch vor dem Wort **oder** steht kein Komma:
Dann essen, trinken, lernen <u>oder</u> schlafen wir.

1 Setze in die Sätze die Kommas ein.
Schreibe den letzten Satz zu Ende.

Zum Frühling zählen die Monate März April Mai.

Zum Sommer zählen die Monate Juni Juli August.

Zum Herbst zählen die Monate September Oktober und November.

Zum Winter zählen die Monate _____

_____

2 Setze auch hier die Kommas ein.
Achte auf die Wörter **und** und **oder**!

Im Frühling blühen die Apfelbäume Kastanien und Veilchen.

Im Sommer blühen die Rosen Tulpen Margeriten und Gänseblümchen.

Im Herbst reifen die Äpfel und Birnen Pflaumen Pfirsiche und Hagebutten.

Im Winter gibt es Eis Schnee oder Regen Matsch und Glatteis.

3 Setze auch hier die Kommas ein.
Schreibe dann noch zwei Sätze dazu: was du magst, was du nicht magst.

Ich esse gern Bratwürstchen Pommes Spaghetti und Vanilleeis.

Ich esse nicht gern Milchreis Fisch Kohlrabi oder Spinat.

_____

_____

→ Das Komma bei der Aufzählung von Wortgruppen

Rechtschreibung und Zeichensetzung

M

Die Aufzählung von Wortgruppen

Mehrere Wörter, die eng zusammengehören, nennt man **Wortgruppen**.

Kommas stehen zwischen **Wortgruppen**, die **aufgezählt** werden, aber nicht vor **und** und **oder**:

Im Safaripark sahen wir die dicken Elefanten, die weißen Tiger, die riesigen Giraffen **und** ein Rudel Löwen.

1 Markiere die Wörter, die eng zusammengehören (die Wortgruppen). Setze die Kommas ein.

Im Zoo sah ich turnende Meerkatzen, einen gähnenden Löwen umhertollende Affen stolze Giraffen kreischende Papageien einen Eisbären und manche andere Tiere.

2 Setze in die Sätze die fehlenden Kommas ein. Es sind acht.

Im Safaripark kann man frei umherlaufende Nashörner tobende Schimpansen umhertollende Paviane ein ganzes Rudel Löwen und noch viele andere Tiere sehen. Manche Affen kommen an die Autos heran schauen in die Fenster springen auf die Kühlerhauben lecken an den Scheibenwischern oder drehen sogar daran.
Auf einem Parkplatz kann man geduldige Esel kleine Hängebauchschweine meckernde Zwergziegen und auch Wildschafe füttern.

3 Setze auch hier die Kommas ein. Es sind 13.

In einem Jeep kommt man durch einen Urwald durch Wassergräben über wacklige Brücken durch dunkle Tunnel vorbei an gefährlichen Krokodilteichen. Man kommt vorbei an einer spuckenden Riesenschlange einem brüllenden Löwen einem spritzenden Elefanten einem umkrachenden Baum und sogar an schreienden Menschen.
Alles ist natürlich aus Plastik aus Holz aus Zement oder aus Ton.
Trotzdem, die Menschen schreien laut gruseln sich lachen laut ängstigen sich ein bisschen sind aufgeregt und finden es spannend.

→ Zeichensetzung: Signalwörter für die Kommasetzung

M

Das Komma zwischen Hauptsatz und Nebensatz

Zwischen Hauptsatz und Nebensatz steht ein Komma.

Einen Nebensatz erkennt man meistens daran, dass er mit Wörtern anfängt wie **als, damit, dass, ob, obwohl, sodass, weil, wenn ...**

Das sind **Signalwörter** für die Kommasetzung:

Ich kam in die Schule, <u>als</u> der Unterricht schon angefangen hatte.

1 Markiere in den folgenden Sätzen die Signalwörter für die Kommasetzung.

Ich habe heute Morgen verschlafen, weil ich den Wecker nicht gehört habe.

Das passiert mir eigentlich nur, wenn ich zu spät ins Bett gegangen bin.

Heute aber ist es passiert, obwohl ich schon früh eingeschlafen bin.

Also musste ich mich beeilen, wenn ich den Schulbus noch kriegen wollte.

Ich war mir aber nicht sicher, ob ich ihn noch erreichen würde.

Doch er fuhr gerade ab, sodass ich ihn nur noch von hinten sah.

2 Markiere in den folgenden Sätzen die Signalwörter.
Setze dann die Kommas ein.

Ich musste also wieder nach Hause gehen damit ich mein Fahrrad holen konnte. Das dauerte alles ziemlich lange weil ich es erst noch aufpumpen musste. Jedenfalls fuhr ich dann wie ein Wilder los sodass ich gerade noch rechtzeitig zur ersten Stunde kam.

3 Schreibe diesen Text noch einmal im Heft ab.
Jetzt fehlen aber alle Kommas. Du musst sie selbst einfügen.
Decke die Sätze oben ab, sonst lernst du nichts dabei.

Ich habe heute Morgen verschlafen weil ich den Wecker nicht gehört habe. Das passiert mir eigentlich nur wenn ich zu spät ins Bett gegangen bin. Heute aber ist es passiert obwohl ich schon früh eingeschlafen bin. Also musste ich mich beeilen wenn ich den Schulbus noch kriegen wollte. Ich war mir aber nicht sicher ob ich ihn noch erreichen würde. Doch er fuhr gerade ab sodass ich ihn nur noch von hinten sah.

→ Nomen: Singular (Einzahl) und Plural (Mehrzahl)

M

Singular (Einzahl) – Plural (Mehrzahl)

Die meisten Nomen haben einen **Singular (Einzahl)**
und einen **Plural (Mehrzahl)**.

Die **Einzahl** steht mit den Artikeln **der, die, das, ein, eine**:
der Hund, die Katze, das Tier.

Die **Mehrzahl** steht mit dem Artikel **die**:
die Hunde, die Katzen, die Tiere.

1 Die Mehrzahl dieser Tiernamen kennst du. Schreibe sie mit dem Artikel auf.
Markiere, woran die Mehrzahl zu erkennen ist.

der Fisch _die Fische_____ das Pferd _____

der Löwe _____ die Taube _____

das Zebra _____ das Pony _____

das Rind _____ das Affenkind _____

2 Manchmal wird die Mehrzahl mit **ä, ö, ü, äu** gebildet.
Und das wird dann in der Mehrzahl daraus – und reimt sich sogar:

aus Fach wird _____ aus Dach wird _____

aus Schwamm wird _____ aus Kamm wird _____

aus Rock wird _____ aus Stock wird _____

aus Raum wird _____ aus Traum wird _____

aus Haut wird _____ aus Braut wird _____

aus Flug wird _____ aus Zug wird _____

aus Geruch wird _____ aus Spruch wird _____

→ Nomen: die vier Fälle

M

Nomen: die vier Fälle

Die **Fälle** eines Nomens kann man an den **Artikeln** und manchmal auch an den **Endungen** erkennen:

Nominativ	Akkusativ	Dativ	Genitiv
<u>der</u> Baum	<u>den</u> Baum	<u>dem</u> Baum	<u>des</u> Baum<u>es</u>
<u>ein</u> Baum	<u>einen</u> Baum	<u>einem</u> Baum	<u>eines</u> Baum<u>es</u>

Das **Wichtigste** ist aber, dass du die Fälle **richtig anwendest**.

1 Lies dir den Text vor und sprich die Wörter deutlich vor dich hin. Ergänze dann die Wörter.

Im Garten steht ein Baum. Ein Vogel fliegt auf d_____ Baum hinauf.

Er sitzt auf ein_____ Ast d_____ Baumes. Dann fliegt er auf ein_____

ander_____ Ast. Und dann verschwindet er in d_____ Zweigen

d_____ Baumes – und ist nicht mehr zu sehen.

2 Lies dir den Text vor und sprich die Wörter deutlich vor dich hin. Ergänze dann die Wörter.

Auf d_____ Sportplatz haben wir trainiert. Wir spielten uns d_____ Ball

gegenseitig zu. Pitt kann man schon für ein_____ richtigen Ballkünstler ansehen.

Erst köpfte er d_____ Ball in die Höhe, dann nahm er d_____ Ball mit dem Fuß

auf. Er hob ihn über d_____ Rücken, machte mit d_____ Körper

eine kurze Drehung, fing ihn mit d_____ Fuß wieder auf und schoss ihn

mit einer kurzen Bewegung d_____ Fuß_____ in Richtung d_____ Tor_____.

D_____ Torwart ist es eben noch gelungen, d_____ Ball zu halten. Aber er

musste sich dabei ordentlich in d_____ Winkel d_____ Kasten_____ strecken.

→ Die Artikel

Die Artikel

Artikel sind die Wörter **der, die, das** und **ein, eine**.
Die Artikel geben an, welches Geschlecht die Nomen haben:

- männlich: der Löffel, der Mond, ein Hammer
- weiblich: die Gabel, die Sonne, eine Feile
- sächlich: das Messer, das Licht, ein Beil

Dieses „Geschlecht" hat mit „männlich" und „weiblich"
nichts zu tun – außer bei der Mann, die Frau.

M

1 Ordne die folgenden Wörter nach ihrem Geschlecht:

| Abenteuer | Album | Ampel | Angst | Appetit | Arbeit |
| Ärger | Gesicht | Hunger | Leben | Oktober | Zeit |

Schreibe noch einige Wörter dazu, wenn noch Platz in den Zeilen ist.

männlich (der): _____

weiblich (die): _____

sächlich (das): _____

2 Die Wortendungen zeigen oft an, welches Geschlecht die Nomen haben:
der Zwilling, die Gesundheit, das Mädchen.
Ordne die folgenden Wörter und markiere die Endungen. Schreibe weitere dazu.

| Feigheit | Feigling | Freundin | Frühling | Gänserich |
| Radieschen | Ringlein | Schweinchen | Wohnung | |

männlich: der Feigling, _____

_____

weiblich: _____

_____

sächlich: _____

_____

→ Die Personalpronomen

M

Personalpronomen

Wörter wie **ich, du, er, sie, es, wir, ihr, sie** nennt man Personalpronomen.
Sie kommen auch in den Formen **sich, ihm, ihn, ihr ...** vor.

Sie stehen in einem Text oft anstelle von Nomen:
Anna lernt ein Gedicht. <u>Sie</u> (Anna) kann <u>es</u> (das Gedicht) schon fast auswendig.

1 Schreibe in die Zeilen die passenden Personalpronomen **sie** und **es** hinein.

Anna lernt ein Gedicht. Jetzt kann ~~Anna~~ ___sie___ das Gedicht _____ schon

fast auswendig. Morgen wird Anna _____ das Gedicht _____ den anderen

Kindern vortragen. Dann werden die Kinder _____ wahrscheinlich klatschen.

Und die Lehrerin wird sich freuen, weil die Lehrerin _____ das Gedicht

_____ auch gut findet. Die Lehrerin _____ wird Anna für den

schönen Vortrag loben.

2 Schreibe in die Zeilen die passenden Personalpronomen **sie, ihn, er, ihr, ihm** hinein.

Mia hat einen Bumerang bekommen. Jetzt will ~~Mia~~ ___sie___ den ~~Bumerang~~ ___ihn___

ausprobieren. Mia _____ geht mit Ali auf die Wiese, um den Bumerang

fliegen zu lassen. Mia _____ schleudert den Bumerang _____ in die Höhe.

Doch der Bumerang _____ kommt nicht zu Mia _____ zurück.

Bei Ali klappt es besser. Ali _____ wirft den Bumerang _____

ganz hoch. Und tatsächlich, der Bumerang _____ kommt zu Ali _____

zurück. Ali hebt den Bumerang auf und gibt den Bumerang _____ Mia.

Mia _____ schafft es nun auch, den Bumerang so zu schleudern, dass der

Bumerang _____ zurückkommt.

→ **Verbformen üben 1**

M

Die wichtigsten Verbformen
Verben kann man in ganz verschiedenen Formen gebrauchen:
lügen, ich **log**, ich habe **gelogen** – **ziehen**, ich **zog**, ich habe **gezogen**.

Manche dieser Formen gebraucht man ständig, manche ganz selten.
Deswegen muss man sie üben.

1 Schreibe diese Verbformen alle auf.
Zwei Zeilen reimen sich immer.

pfeifen _____ pfiff _____ gepfiffen _____

greifen _____ _____ _____

kriechen _____ kroch _____ gekrochen _____

riechen _____ _____ _____

beißen _____ biss _____ gebissen _____

reißen _____ _____ _____

streiten _____ stritt _____ gestritten _____

reiten _____ _____ _____

sinken _____ sank _____ gesunken _____

trinken _____ _____ _____

2 Schreibe die richtigen Verbformen in die leeren Zeilen,
dann reimt es sich.

greifen: Der Torwart hat neben den Ball _____ ,

auspfeifen: er wurde vom Publikum _____ .

reißen: Er hat sich die Mütze vom Kopf _____

beißen: und sich vor Wut in die Hand _____ .

→ **Verbformen üben 2**

M

Verbformen mit er, sie, es

Manche Verben mit er, sie, es sind nicht ganz einfach und werden oft
falsch gebildet und falsch geschrieben:

essen: er isst   sehen: sie sieht   geben: es gibt   stehlen: er stiehlt

1 Wenn du die Verben richtig einsetzt, reimt es sich:

Das Mädchen ein Stück Brot (abbrechen) _abbricht_,

dabei sie eine Mücke (stechen) _____.

Der Junge ein Stück Kuchen (essen) _____,

sein Hund ein kleines Würstchen (fressen) _____.

Das Pferd zu einem Teich hin (laufen) _____

und daraus etwas Wasser (saufen) _____.

Das Publikum im Stadion (sehen) _____,

was unten auf dem Platz (geschehen) _____.

2 Setze die Verben richtig ein:

Alina (treffen) _trifft_ Jakob.

Sie (sprechen) _____ mit ihm.

Doch Jakob (wollen) _____ ihr nicht zuhören. Das (bringen) _____

sie in Wut. Sie (sehen) _____ ihn böse an. Dann (werfen) _____

sie ihm ihre Kappe ins Gesicht. Jakob (brechen) _____ in ein Lachen aus.

Dann (laufen) _____ er weg. Alina (fallen) _____

noch ein Schimpfwort ein. Jakob (geben) _____ keine Antwort.

→ Präteritum oder Perfekt in einen Text einsetzen

M

> **Zeitformen**
>
> Das sind die drei wichtigsten Zeitformen:
>
> **Präsens:** ich fahre, sie hält, es geht, er kommt
>
> **Präteritum:** ich fuhr, sie hielt, es ging, er kam
>
> **Perfekt:** ich bin gefahren, sie hat gehalten, es ist gegangen, er ist gekommen

1 Setze in die folgenden Sätze die Verben im Präteritum ein.

Gestern (fahren) _fuhr_ ich mit meinen Eltern auf der Autobahn.

Wir (wollen) _____ zum Badesee.

Erst (rollen) _____ wir mit dem Auto so dahin.

Plötzlich (müssen) _____ meine Mutter bremsen.

Ein Stau! Wir (halten) _____ also an.

Meine Mutter (stöhnen) _____ und mein Vater

(schimpfen) _____. Es (gehen) _____

einfach nicht weiter. Plötzlich (kommen) _____ ein Abschleppwagen.

2 Setze in die folgenden Sätze die Verben im Perfekt ein.

Nach anderthalb Stunden (weiterfahren) _sind_ wir endlich _weitergefahren_.

Wir (baden) _____ dann am Badesee _____.

Auf der Rückfahrt (gehen) _____ dann alles gut _____.

Wir (geraten) _____ in keinen Stau mehr _____

und gut zu Hause (ankommen) _____.

Am Abend (grillen) _____ wir dann im Garten _____.

Es (schmecken) _____ uns allen sehr gut _____.

→ Adjektive

M

Adjektive

Mit **Adjektiven** können wir genauer beschreiben, wie etwas ist:
die Geschichte ist <u>spannend</u> – die <u>spannende</u> Geschichte;
der Turm ist <u>hoch</u> – der <u>hohe</u> Turm.

Adjektive kann man **steigern**:
der Baum ist <u>hoch</u>, das Haus ist genauso <u>hoch</u> **wie** der Baum,
der Turm ist <u>höher</u> **als** das Haus, der Wolkenkratzer ist <u>am höchsten</u>.

1 Setze in den Text die Adjektive ein, die am Rand stehen.

Gesucht wird ein _____ Junge mit Namen Tobias.   **elfjährig**

Er hat _____ Haare und _____ Augen.   **blond, braun**

Er trägt ein _____ T-Shirt und _____ Jeans.   **weiß, blau**

Wichtige Kennzeichen sind die _____ Brille und die   **rund, gelb**

_____ Schuhe.

2 Setze in den Text Adjektive ein, die du dir aussuchen kannst.

Gesucht wird ein _____ Mädchen mit Namen Pauline.

Sie hat _____ Haare und _____ Augen.

Sie trägt einen _____ Pulli und _____ Jeans.

Wichtige Kennzeichen sind die _____ Ohrringe und die

_____ Schuhe.

3 Setze die fehlenden Wörter in die Zeilen ein.

Der Braunbär ist _____ _____ der Schwarzbär.   **größer**

Der Grizzlybär ist ungefähr so _____ _____ der Braunbär.   **groß**

Der Eisbär ist von allen Bären _____ _____.   **größten**

→ Präpositionen: auf dem Baum – oder: auf den Baum?

M

Präpositionen

Die wichtigsten **Präpositionen** sind: **an, auf, hinter, neben, in, über, unter, vor, zwischen.**
Nach diesen Präpositionen kann der Akkusativ oder der Dativ stehen.

Fragt man **wohin?** – dann muss es heißen: Ich gehe (**wohin?**) auf den Sportplatz.

Fragt man **wo?** – dann muss es heißen: Dann spiele ich (**wo?**) auf dem Sportplatz Fußball.

Wenn noch ein Adjektiv vorkommt, heißt es: Er setzt sich (**wohin?**) auf den grünen Teppich.

Aber Achtung, es heißt – nur **einmal** mit **m**:   Er sitzt (**wo?**) auf dem grünen Teppich.

1   Lies dir die Sätze deutlich vor. Markiere die Präpositionen.
Ergänze dann **den, dem, einen, einem, seinen, seinem, ihren, ihrem:**

wohin?   **wo?**

Lara fährt mit dem Rad auf d_____ Hof drauf.   Dann fährt sie auf d_____ Hof herum.

Der Dackel springt auf d_____ Sessel.   Jetzt sitzt er auf d_____ Sessel.

Der Vogel fliegt auf ein_____ Baum.   Nun sitzt er auf d_____ Baum und singt.

Marie hängt ihre Jacke an d_____ Haken.   Jetzt hängt sie an d_____ Haken.

Pitt stellt die Tassen auf d_____ Tisch.   Die Tassen stehen nun auf d_____ Tisch.

2   In den folgenden Sätzen musst du immer zwei Wörter ergänzen:

Der Kater setzt sich auf d_____ weich_____ Sessel.

Nun sitzt er in d_____ weich_____ Sessel.

Die Amsel fliegt auf ein_____ hoh_____ Baum.

Nun sitzt sie oben auf d_____ hoh_____ Baum.

Paula gießt Milch in ihr_____ gelb_____ Becher.

Nun ist die Milch in ihr_____ gelb_____ Becher drin.

Hanno schaut auf sein_____ neu_____ Computer.

Nun schreibt er auf sein_____ neu_____ Computer.

→ Wörter mit Vorsilben und Nachsilben

M

Vorsilben – Nachsilben

Vorsilben können vorn an ein Wort angefügt werden.
Die wichtigsten Vorsilben für **Verben** sind:
ab-, auf-, aus-, ent-, er-, über-, um-, un-, unter-, ver-, vor-, weg-, zer-, zu-.
ab-schreiben, auf-schreiben, unter-schreiben, sich ver-schreiben

Nachsilben können hinten an ein Wort angefügt werden.
Die wichtigsten Nachsilben für **Nomen** sind: **-keit, -heit, -ling, -nis, -schaft.**
Sauber-keit, Fröhlich-keit, Lieb-ling, Zeug-nis, Freund-schaft

1 Füge den Verben die passenden Vorsilben hinzu:

Laura muss den Text noch einmal _____schreiben,

weil sie sich ständig _____schrieben hat.

Du kannst ruhig _____geben, dass du ihm nichts _____gegeben hast.

Von dem Dach sind viele Ziegel _____gefallen,

das Haus sieht ziemlich _____fallen aus.

2 Forme die folgenden Adjektive zu Nomen um. Du musst ihnen dabei die Nachsilben
-heit, -keit, -ling anfügen. **Achte darauf:** Die Nomen werden großgeschrieben!

früh _____   lieb _____   feige _____

wahr _____   schön _____   gesund _____

tapfer _____   wichtig _____   aufmerksam _____

3 Füge in die leeren Zeilen Vor- und Nachsilben ein, die passen:

Die Mann_____ hat mit großer Tapfer_____

die Gegentore _____kraftet. Danach hat sie sich die Bälle gut _____gespielt

und am Ende den Gegner _____wunden.

→ **Wortfelder**

> **Wortfelder**
>
> Wortfelder bestehen aus Wörtern, die etwas Ähnliches bedeuten:
> sagen, sprechen, reden ...; sehen, schauen, gucken ...; gehen, laufen, rennen ...
> Wer viele Wörter eines Wortfeldes kennt, kann sich besser und genauer ausdrücken.

M

1 Ordne die Wörter in drei Wortfelder ein:

anschauen	beobachten	besichtigen
blicken	brüllen	bummeln
flitzen	flüstern	weggehen
gucken	laufen	reden
rennen	mitteilen	schreien
erkennen	spazieren	sprechen

sagen	sehen	gehen

2 Setze in die Lücken passende Wörter ein – in jede Lücke ein anderes Wort.

Morgen _____ wir wieder einmal in den Zoo. Da kann ich die Meerkatzen

_____, die immer in ihrem Käfig herum_____

und manchmal vor Vergnügen laut _____.

Natürlich werde ich mir auch noch einmal genau die Giraffen _____,

die immer so stolz durch ihr Gehege _____.

→ **Satzglieder – Sätze verändern**

M

Satzglieder

Satzglieder sind einzelne oder zusammenhängende Wörter,
die man **an den Anfang eines Satzes verschieben** kann.

Der folgende Satz besteht also aus vier Satzgliedern:
<u>Er</u> / isst am liebsten Obst. <u>Am liebsten</u> / isst er Obst.
<u>Obst</u> / isst er am liebsten. <u>Isst</u> / er am liebsten Obst?

1 Schreibe den folgenden Satz viermal auf.
Jedes Mal soll ein anderes Satzglied am Anfang stehen:
Sie liest besonders gern Pferdebücher.

<u>Sie</u> _____

_____

_____

_____

2 Verschiebe das unterstrichene Satzglied
jeweils an den Satzanfang.
Dann fängt nicht jeder Satz mit **Ich** an:

Ich habe <u>kürzlich</u> einen Computer bekommen.

_____ habe ich _____

Ich kann <u>damit</u> schon schreiben.

_____

Ich muss <u>natürlich</u> noch etwas üben.

_____

Ich mache nämlich <u>manchmal</u> noch Fehler.

_____

→ **Adverbiale ermitteln**

M

Adverbiale

Adverbiale sind Satzglieder, die man vor allem
mit folgenden Fragen ermitteln kann:

wann? Sie hat **(wann?)** <u>gestern</u> einen Platten gehabt.
wo? Das ist ihr **(wo?)** <u>auf dem Schulweg</u> passiert.

1 In jedem Satz kommen ein oder zwei Adverbiale vor,
die du mit den Fragen **wann** oder **wo** herausbekommst.
Markiere in jedem Satz diese Satzglieder.

wann?	Letzte Woche ist Janina etwas Dummes passiert.
wo?	Sie wartete auf dem Schulhof auf ihre Freundin.
wann? wo?	Plötzlich wurde sie dort von einem Jungen angerempelt.
wann? wo?	Und im nächsten Augenblick lag ihre Schultasche auf dem Boden.
wo?	Ihre Schulsachen hatten sich über dem halben Schulhof verteilt.
wann?	Zum Glück kam gleich danach ihre Freundin Julia.
wann?	Gemeinsam sammelten sie alles sofort wieder ein.
wo?	Und der Junge stand lachend daneben.
wann? wann?	In dem Moment dachte sie: Jungen sind manchmal richtig doof!

2 Markiere in den Sätzen die Adverbiale. Schreibe die Sätze noch einmal auf.
Stelle die Adverbiale jetzt aber an den Anfang der Sätze.
Im letzten Satz kannst du dir eines der Adverbiale aussuchen.

wo?   Ich bin geboren in Celle.

_____

wo?   Ich fühlte mich dort sehr wohl.

_____

wann?   Ich bin aber letztes Jahr mit meinen Eltern nach Hannover gezogen.

_____

wann? wo?   Ich besuche jetzt dort die Gesamtschule.

_____

→ **Subjekt und Prädikat**

M

Subjekt und Prädikat

Jeder Satz hat ein Subjekt und ein Prädikat.
Das **Subjekt** kann man mit der Frage **wer?** oder **was?** erfragen.

Es kann aus einem oder aus mehreren Wörtern bestehen:
Verena hat sich erkältet. Das arme Mädchen leidet.

Das Prädikat besteht aus einem Verb – und manchmal auch noch
aus Wörtern, die dazugehören:
Verena hat sich erkältet. Das arme Mädchen leidet.

1 Die folgenden Sätze bestehen alle nur aus Subjekt und Prädikat.
Meistens steht das Subjekt an erster Stelle, manchmal aber auch an zweiter.
Unterstreiche die Subjekte. Du kannst sie mit **wer?** erfragen.
Markiere die Prädikate.

Verena hat sich _gestern_ erkältet.   gestern

_____ liegt sie _____.   Jetzt   im Bett

Sie langweilt sich _____.   in ihrem Zimmer

Sie denkt _____: gerade

Kommt _____ jemand?   bald

_____ klopft einer _____.   Plötzlich   an der Tür

Ihr Freund Elias steht _____.   draußen

_____ ist er _____!   Schon   drinnen

_____ freut sich Verena.   Da

Sie setzt sich _____ auf.   in ihrem Bett

Elias lacht sie an und sagt:
„Übermorgen bist du bestimmt wieder gesund!"

2 Setze in die leeren Zeilen die Adverbiale ein, die am Rand stehen.

→ Die Objekte im Dativ und im Akkusativ

M

> **Objekte**
>
> Das **Dativ-Objekt** erfragt man mit der Frage **wem**:
> Das Publikum applaudiert (**wem?**) <u>dem Torschützen</u>.
>
> Das **Akkusativ-Objekt** erfragt man mit der Frage **wen** oder **was**:
> Der Spieler schießt (**wen oder was?**) <u>einen Elfmeter</u>.

1 Setze in die Lücken die Wörter **dem, seinem, ihrem** ein:

Objekte im Dativ:

Das Publikum applaudiert <u>dem</u> Torschützen.

Niklas steht _____ Freund bei.

Die Maus entkommt _____ Kater.

Die Schwester hilft _____ kleinen Bruder.

2 Setze in die Lücken die Wörter **den, seinen, einen, ihren** ein:

Objekte im Akkusativ:

Paolo gewinnt <u>den</u> ersten Preis.

Der Detektiv verdächtigt _____ Täter.

Der Läufer übergibt _____ Staffelstab.

Die Lehrerin lobt _____ Schüler.

3 Markiere nun die Objekte. Lies dir die Sätze dann noch einmal deutlich vor.

4 Ergänze die unvollständigen Wörter durch **-em** (Dativ) oder **-en** (Akkusativ).

Der Vater schenkt sein_____ Sohn ein_____ Handwerkskasten. Die Lehrerin leiht

d_____ Schüler ein_____ Stift. Die Mutter gibt ihr_____ Sohn ein_____ Geldschein mit.

→ Wörter im Wörterbuch nach dem Alphabet suchen

M

Nachschlagen

Das Nachschlagen im Wörterbuch gehört zum Wichtigsten,
was du üben musst.
Da die Wörter nach dem Alphabet geordnet sind,
musst du das Abc natürlich auswendig kennen.

1 Suche in deinem Wörterbuch Wörter, die großgeschrieben werden:

das erste Wort mit M_____   das erste Wort mit H_____

das erste Wort mit T_____   das erste Wort mit J_____

das letzte Wort mit M_____   das letzte Wort mit Z_____

ein Wort mit Qu_____   ein Wort mit Y_____

ein Wort mit J_____   ein Wort mit V_____

2 Wähle dir von den folgenden Wörtern vier aus und suche sie
im Wörterbuch. Schreibe die Wörter auf und die Seitenzahl dahinter,
auf der du das Wort gefunden hast.

| **Gespenst** | **Kiosk** | **Frühstück** | **Olympiade** |
| **Vormittag** | **Schienbein** | **Korridor** | **Makkaroni** |

_____ Seite: _____   _____ Seite: _____

_____ Seite: _____   _____ Seite: _____

3 Suche im Wörterbuch die folgenden Wörter. Werden sie mit **e** oder **ä** geschrieben?
Schreibe sie richtig auf.

der Ä/Equator: _____   die Ä/Ermel: _____

anstä/endig: _____   verdä/erben: _____

Schä/erben: _____   Konfä/ekt: _____

→ **Wörter nach dem Alphabet suchen**

Du weißt: Die Wörter in einem Wörterbuch sind nach dem Alphabet
geordnet. Wenn du nicht bei jedem Wort das ganze Buch durch-
blättern willst, musst du das Abc genau kennen. Sonst dauert es
eine Ewigkeit, bis du ein Wort gefunden hast.

1 Ergänze die fehlenden Buchstaben des Alphabets.

A   C D   F   H I   K   M   O P   R   U V   X   Z

2 In diesem Ausriss aus einem Wörterbuch
findest du zuerst den Buchstaben **A**.
Dann kommt die Abkürzung **AA**.
Das erste richtige Wort ist **Aal**.

A
A: (erster Buchstabe des Alphabets);
von A bis Z – das A und O (das We-
sentliche einer Sache; der Anfang
und das Ende, von „Alpha" und
„Omega", den Anfangs- und End-
buchstaben im griech. Alphabet)
AA: Abk. für **Auswärtiges Amt**
Aal, der: des Aal(e)s, die Aale; **aalglatt;**
sich in der Sonne **aalen**
Aas, das: des Aases, die Aase (Tierka-
daver); **aasen** (mit Geld oder Sachen
verschwenderisch umgehen)

3 Suche nun in deinem Wörterbuch
das erste Wort mit **B**. Schreibe es auf.

_____

4 Im Wörterbuch stehen noch andere Namen von Fischen.
Suche die folgenden Wörter in deinem Wörterbuch
und schreibe die Seitenzahlen in die Kästchen.

Hai   **Karpfen**

Forelle   **Makrele**

Scholle   **Hering**

5 Kennst du noch andere Fische?
Schreibe zwei hier auf und suche sie im Wörterbuch.
Schreibe dann die Seitenzahlen in die Kästchen.

_____   _____

Arbeits-
tech-
niken

6 Suche in deinem Wörterbuch die folgenden Wörter
und schreibe sie auf:

das erste Wort mit F_____   das erste Wort mit L_____

das erste Wort mit N_____   das erste Wort mit T _____

das erste Wort mit M_____   das erste Wort mit S _____

das erste Wort mit D_____   das erste Wort mit O _____

7 Umkreise nun von jedem der gefundenen Wörter den **zweiten** Buchstaben.
Was fällt dir an diesen Buchstaben auf?

_____

_____

8 Es gibt viele Wörter mit dem Anfangsbuchstaben **O**. Damit man
ein bestimmtes Wort schneller finden kann, sind die Wörter mit **O**
im Wörterbuch auch nach dem zweiten Buchstaben geordnet.
Zuerst kommen alle Wörter mit Oa, dann alle Wörter mit **Ob**,
dann alle Wörter mit **Oc**. Finde im Wörterbuch immer das erste
großgeschriebene Wort mit **O** mit dem folgenden **zweiten** Buchstaben.

Oase _____   On
                                 Oo
Ob _____   Op _____
                                 Oq
Oc _____   Or _____

Od _____   Os _____
Oe
Of _____   Ot _____
Og
Oh _____   Ou _____
Oi
Oj   Ov _____
Ok _____   Ow
                                 Ox _____
Ol _____   Oy
                                 Oz _____
Om _____

Viele Wörter stehen im Wörterbuch herausgerückt
oder besonders **markiert**.
So ein Wort ist zum Beispiel Gespenst.
Du kannst es bestimmt schnell im Wörterbuch finden.

1 Die folgenden Wörter stehen im Wörterbuch
auch herausgerückt oder anders markiert.
Suche die Wörter so schnell du kannst
und schreibe die Seitenzahlen dahinter auf.

Geist ☐ Umhang ☐

Maske ☐ unheimlich ☐

spuken ☐ Nacht ☐

leise ☐ verkleiden ☐

Manche Wörter stehen nicht herausgerückt
im Wörterbuch. Sie stehen bei anderen Wörtern,
mit denen sie verwandt sind.
Das Wort gespenstisch ist mit dem Wort Gespenst
verwandt. Du findest es deshalb dahinter aufgeführt.

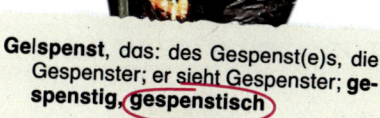

2 Suche die folgenden Wörter so schnell du kannst.
Schreibe auf, bei welchem verwandten Wort
du sie gefunden hast und auf welcher Seite sie stehen.

Das Wort	steht hinter dem verwandten Wort ...	auf Seite ...
Verkleidung		
gruselig		
schrecklich		
geheimnisvoll		

→ Wenn du nicht sicher bist, wie ein Wort geschrieben wird

Dein Wörterbuch kann dir bei der Rechtschreibung helfen.
Wenn du nicht sicher bist, wie ein Wort geschrieben wird,
kannst du es nachschlagen.
Es ist nicht schlimm, wenn man sich bei einem Wort unsicher ist.
Nur wenn man nachschlägt, kann man ärgerliche Fehler vermeiden.
Das lohnt sich!

1 Von diesen Wörterpaaren ist immer nur ein Wort richtig geschrieben.
Schlage im Wörterbuch nach und unterstreiche die richtigen Wörter.

der Erger – der Ärger

der Vakir – der Fakir

die Fliese – die Vliese

der Gries – der Grieß

äußern – eußern

das Kaos – das Chaos

die Karawane – die Charawane

die Weisheit – die Weißheit

2 Schlage im Wörterbuch nach, wie die folgenden Wörter
richtig geschrieben werden. Schreibe die Wörter richtig auf.

Mit e oder mit ä?

die St?lzen _____

die Str?hne _____

Mit f oder mit v?

der ?lamingo _____

der ?erband _____

Mit eu oder mit äu?

str??en _____

das ??ter _____

Mit ss oder mit ß?

bei??en _____

der Pa?? _____

Mit c, ch oder k?

die ??amera _____

das ??amäleon _____

→ **Lernwörter üben**

Besonders schwierige Wörter muss man häufig schreiben,
damit man sie sich merkt. Mit den folgenden Aufgaben
kannst du solche Lernwörter üben.

1 Schreibe die Lernwörter in die Lückentexte.

endlich   anstrengend   Klingel
      Ende   rechnen   schwierige

Im Matheunterricht mussten die Kinder heute

schwierige Aufgaben _____.

Das war ganz schön _____.

Alle waren froh, als sie _____

die _____ hörten.

Der Schultag war zu _____.

      Verein   rempelte   Karte
      Turnier   Freistoß
Medaille   gewann   Nachmittag

Am _____ trafen sich Florian und Kevin

zum Fußballspielen. Mit ihrem _____

traten sie bei einem _____ an. Mitten im Endspiel

_____ ein Gegenspieler Florian absichtlich an

und sah die gelbe _____. Florian bekam

einen _____ und schoss das entscheidende Tor.

Seine Mannschaft _____ das Turnier und jeder Spieler

erhielt eine glänzende _____.

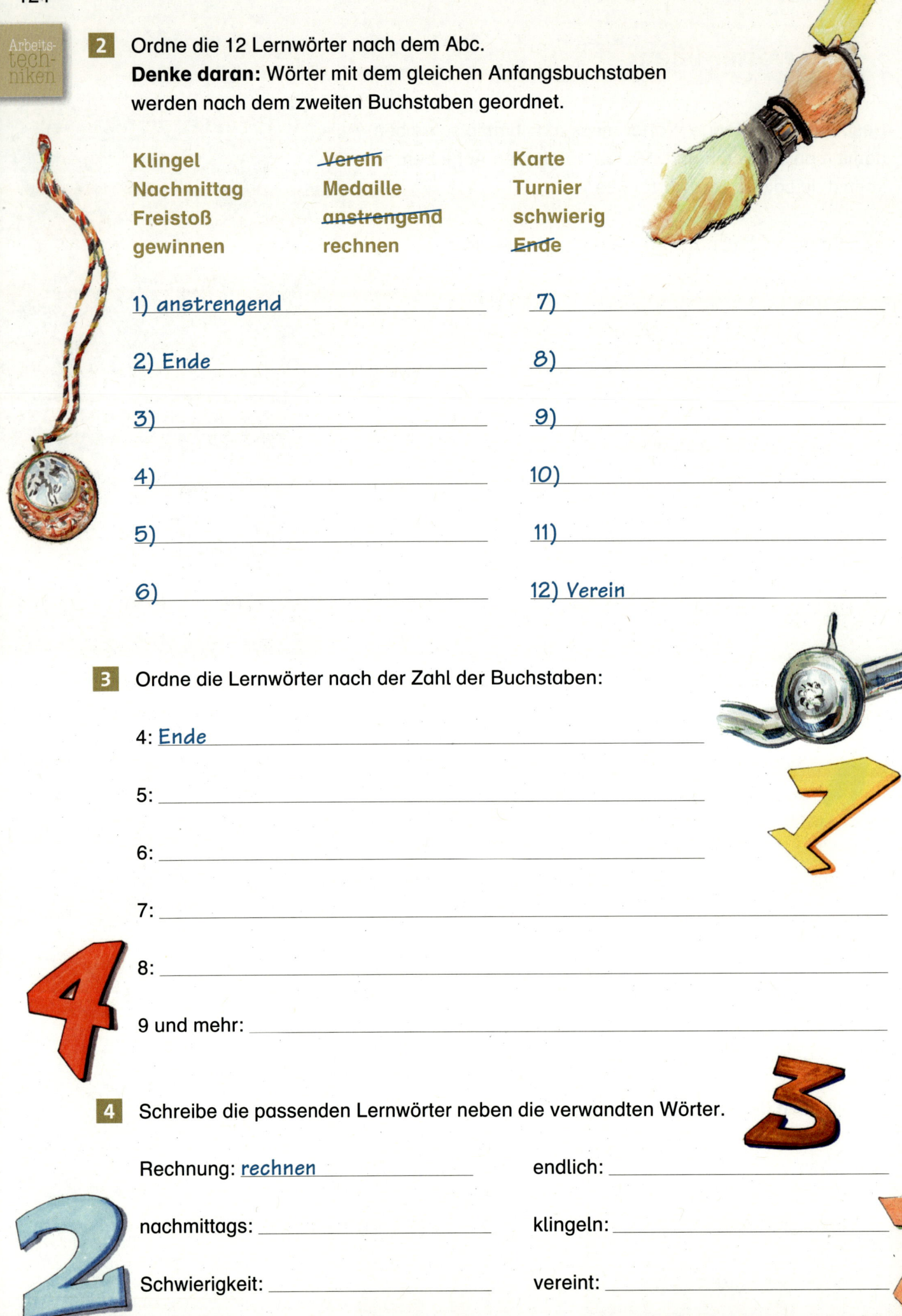

2 Ordne die 12 Lernwörter nach dem Abc.
Denke daran: Wörter mit dem gleichen Anfangsbuchstaben werden nach dem zweiten Buchstaben geordnet.

Klingel	~~Verein~~	Karte
Nachmittag	Medaille	Turnier
Freistoß	~~anstrengend~~	schwierig
gewinnen	~~rechnen~~	~~Ende~~

1) anstrengend

2) Ende

3)

4)

5)

6)

7)

8)

9)

10)

11)

12) Verein

3 Ordne die Lernwörter nach der Zahl der Buchstaben:

4: Ende

5:

6:

7:

8:

9 und mehr:

4 Schreibe die passenden Lernwörter neben die verwandten Wörter.

Rechnung: rechnen

endlich:

nachmittags:

klingeln:

Schwierigkeit:

vereint:

→ **Fremdwörter üben**

Hier findest du 12 Fremdwörter,
die nicht ganz einfach zu schreiben
sind. So kannst du sie üben:

**Makkaroni   Keyboard   Kakao   Volleyball
Klavier   Tennis   Gitarre   Spaghetti
Pudding   Basketball   Orchester   Hockey**

1 Stelle die Wörter zu Wortfeldern zusammen.
Sie passen alle zu einem der folgenden Gebiete:

Essen, Trinken: **Sport:**   **Musik:**

<u>Makkaroni</u> _____   _____   _____

_____   _____   _____

_____   _____   _____

_____   _____

2 Welche Wörter aus Aufgabe 1 werden hier gesucht?
Schreibe die richtigen Antworten auf!

Bei diesen Sportarten braucht man einen Schläger: _____

Dies sind verschiedene Nudelsorten: _____

Eine Gruppe von Menschen,
die gemeinsam musizieren, nennt man: _____

Diese Speise isst man als Nachtisch: _____

Diese Musikinstrumente haben Tasten: _____

Bei dieser Sportart wirft man einen Ball in einen Korb: _____

Dieses Musikinstrument hat sechs Saiten: _____

Für dieses Getränk braucht man Milch: _____

Arbeits-
tech-
niken

3 Schreibe die Wörter mit Silbenstrichen auf.
Die erste Silbe ist schon vorgegeben.

Makkaroni   Volleyball   Pudding   Basketball   Spaghetti
Gitarre   Klavier   Kakao   Orchester

Mak-ka-ro-ni _____   Bas- _____   Kla- _____

Vol- _____   Spa- _____   Ka- _____

Pud- _____   Gi- _____   Or- _____

4 Einige der Fremdwörter reimen sich auf eines der folgenden Wörter.
Finde die Reimpaare.

Papier – _____   Regenfall – _____

Donnerknall – _____   Karre – _____

Konfetti – _____   Schwester – _____

5 Schreibe die Fremdwörter nach dem Abc geordnet hintereinander auf.

Basketball, Gitarre _____

_____

_____

_____

6 Schreibe alle Wörter auf, die einen doppelten Konsonanten haben.

Makkaroni, _____

_____

→ **Einem Sachtext Zwischenüberschriften zuordnen**

1 Lies den folgenden Text zuerst einmal in Ruhe durch.

Meerschweinchen als Haustiere

Meerschweinchen gehören zu den beliebtesten Haustieren in Deutsch-land. Wenn man die Tiere in einem Käfig hält, sollte man auf folgende Dinge achten:
Meerschweinchen benötigen einen trockenen Futterplatz. Das Futter
5 darf nicht nass sein. Und es darf nicht durch Kot oder Urin verschmutzt werden. Darüber hinaus benötigen die Tiere ein Klo, eine Ruhestelle und ein Häuschen als Rückzugsort.
Meerschweinchen sind sehr empfindlich. Bei falscher Ernährung, Zug-luft oder mangelnder Pflege werden sie schnell krank. Es ist deshalb
10 wichtig, ihr Fell zu pflegen und regelmäßig ihre Krallen zu schneiden.

Meerschweinchen leben nicht gern allein. Zwei oder mehr Weibchen verstehen sich gut miteinander. Die natürlichste Haltungsform für Meer-schweinchen sind mehrere Weibchen mit einem Bock.

Meerschweinchen brauchen täglich mindestens eine Stunde Auslauf.
15 Aber Vorsicht, sie sind sehr schnell und neugierig. Deshalb sollte man Kabel und giftige Zimmerpflanzen vor ihnen sichern.

Als Futter sind Salat, Möhren und Äpfel bei Meerschweinchen sehr beliebt. Auch Gemüse, Körner und Brot darf man ihnen geben. In Tier-fachgeschäften gibt es auch Pressfutter zu kaufen.

2 Suche aus den Wörtern rechts die passende Überschrift zu jedem Abschnitt aus. Schreibe sie auf die Zeilen darüber. Für einen Abschnitt musst du selbst eine Überschrift finden!

Geselligkeit
Haltung und Pflege
Auslauf

Quellen

Texte

Seite 10: Josef Reding: Guten Tag, Tag! In: Ders.: Gutentagtexte. Georg Bitter Verlag.
Recklinghausen 1988

Seite 11: Josephine Hirsch: Jeder zaubert auf seine Art (Auszüge). Aus: Im Zauberwald.
Spaß beim Singen, Spielen, Lesen. Herder Verlag. Wien 1989

Seite 12: Erwin Grosche: Der freche Weckdienst. In: Ders.: Der Badewannenkapitän.
Wortspielereien und Lautleisemalereien. Deutscher Taschenbuch Verlag. München 2002

Seite 14–15: Cornelia Funke: Potilla. Lizenzausgabe für die Süddeutsche Zeitung:
Junge Bibliothek. München 2005

Seite 16: Hans Manz: Fernsehabend. In: Ders.: Die Welt der Wörter. Beltz Verlag.
Weinheim und Basel, 1996. Programm Beltz & Gelberg, Weinheim und Basel

Seite 32: Axolotl – „Wassermonster". Informationen nach: http://factzoo.com/amphibians/
axolotl-mexican-mudkip-salamander-never-grows-up.html am 11.01.2013

Seite 46–47: Mann bleibt in WC-Fenster stecken. Nach: Hannoversche Allgemeine Zeitung
am 19.09.2012

Seite 65: frei nach den Brüdern Grimm: Der Hase und der Igel

Seite 68: Hans Baumann: Am einunddreißigsten Februar. Ersterscheinen 1968 im Paulus Verlag
G. Bitter Recklinghausen. © 2013 Veronika Braune-Baumann

Seite 69: Josef Guggenmos: Der Mann im Schnee. Aus: Überall und neben dir.
Gedichte für Kinder. Hg. von Hans-Joachim Gelberg. © 1986, 1994 Beltz Verlag.
Weinheim und Basel. Programm Beltz & Gelberg, Weinheim und Basel

Seite 70–71: Elisabeth Stiemert: Der Junge aus der Talstraße. Aus: Die Sammelsuse.
Hg. von Elisabeth Stiemert. © Gerstenberg Verlag. Hildesheim 1984

Seite 74–75: Astrid Lindgren: Wie Ole seinen Hund bekam. Auszug aus: Astrid Lindgren:
Die Kinder aus Bullerbü. Übersetzt von Else von Hollander-Lossow und Kurt Peters.
Oetinger Verlag. Hamburg 1970

Bilder

Iakg-images GmbH, Berlin: Paul Klee: Kampfszene aus der komisch-phantastischen Oper „Der Seefahrer", 1925 /Basel Sammlung Trix Duerst-Hass 41.1. Ialamy images, Abingdon/Oxfordshire: Arco Images Titel. IFC Schalke 04, Gelsenkirchen: 28.1. Ifotolia.com, New York: berg699 18.1. IInterfoto, München: 30.1. IiStockphoto.com, Calgary: 20.1, 21.1. Ijuniors@wildlife Bildagentur GmbH, Hamburg: Juniors 32.2. IKarl Juhnke, Braunschweig: 39.1. ILookphotos, München: photoshot 32.1. IPantherMedia GmbH (panthermedia.net), München: Wurditsch, Alexander 17.2. IPicture-Alliance GmbH, Frankfurt/M.: 21.2. Iplainpicture, Hamburg: Krista Keltanen Titel. IShutterstock.com, New York: 17.1. ISüdverlag GmbH/ UVK Verlagsgesellschaft, Konstanz: aus: e.o.plauen „Vater und Sohn" in Gesamtausgabe Erich Ohser (Die Unterschrift), © Südverlag GmbH, Konstanz 2000 48.1, 48.2, 48.3, 49.1, 49.2, 49.3.

Wir arbeiten sehr sorgfältig daran, für alle verwendeten Abbildungen die Rechteinhaberinnen und Rechteinhaber zu ermitteln. Sollte uns dies im Einzelfall nicht vollständig gelungen sein, werden berechtigte Ansprüche selbstverständlich im Rahmen der üblichen Vereinbarungen abgegolten.